50+開始過愉快生活的心理學

78個老前生活態度，讓身心圓滿的人生智慧

心理學者 渋谷昌三——著
張景威、劉德正——譯

前言

人從出生到死亡為止，到幾歲可以稱為「成長」呢？

4歲的小孩到了5歲的時候，通常不會說「啊，又老了一歲耶」。80歲的人到81歲的時候也不會說「哇！長大了耶」。同樣都是增長了一歲，但是表達的方式卻是不一樣的。

但在心理學上來說，我們不只叫做成長期，從生到死，我們也叫做「發展」的階段。可以說人無論從最後到最後的階段為止，都是可以持續的發展。

剛出社會在二十幾歲時，總是感覺到自己有著無限的可能，但到了接近退休的年紀時，會開始思考接下來的人生該放在什麼樣的位置上，有著與年輕世代不同的煩惱湧現。

即使從社會的最前戰線退休了，在現在的這個世代來說，五十、六十歲稱為「老年」還有點言之過早。就外表來說，跟自己父母那一輩的六十歲時相比的話，很明顯地是年輕許多。在電車上如果被沒有絲毫猶豫的年輕人讓座的話，有時難免會想一想這樣坐下去好嗎？我其實並不像年輕人所想的那麼老呀！

日本厚生勞動省曾經發表過以「平均壽命」「平均剩餘壽命」為指標所做成的生命表（完全生命表）。2010年日本人的平均壽命男性為79.55歲，女性為86.30歲。50歲時，平均剩餘壽命男性有31.42歲，女性有37.52歲。

所謂平均剩餘壽命是指，例如以現階段50歲的男性來講，平均還有31年可延續的生命，女性還有37年以上，這樣的一個數字。

來聽看看這兩個說法：

「只剩30年了嗎？人生已經走到後半場了嗎？」可能會有人這樣想吧。

「因為還有30年，人生的前半場才剛結束，後半場正要開始」也有人會這樣想。

30年可以說是相當長的一段時間，是今天剛出生的小嬰兒，到30歲時要經過的歲月；30年也是20歲成人禮時到達50歲前要走過的年頭。即使到了差不多感覺到年事已高的50歲時，接下來尚有30年這麼一段不算短的時間在前方等著。

在這些歲月裡，該怎麼生存？如何生活呢？還會有很多快樂開心的事情會發生吧。如果有確立目標的話，可以實現目標的時間不也是十分充足嗎？

我們如此難得來到了這個世界上，應該要感到滿足地活著，然後平和地抵達那個世界。如果可以善終則一切圓滿。人生的後半場如果可以充實地過，那麼自己這一生是幸福的，這樣說應該對吧。

渋谷昌三

50+過愉快生活的心理學◎目次

前言 3

第1章 老而不朽 順利邁向高齡的方法

「老」並不是突然從天上掉下來的 16
當個有智慧的「Old man」吧！ 18
有所失，亦有所得 20
退休前後會經歷的「七個階段」 22
「老」也是一種新的人生體驗 24
無法忘懷過去榮光的「老女優症候群」 26
與其闊談當年勇，不如開創新局面 28
積極老去吧！ 30

若是愈來愈常說「那個」兩字…… 32
新道具能在人生後半場幫上不少忙 34
受人喜愛的老年風格 36
老得晚不如老得好 38
第1章 重點整理 40

第2章 輕鬆邁向老年的身心調適法

人生以五十歲為分水嶺 42
無法忍受無意義的事情 44
沒有「企圖心」的人，不會過日子 46
在人生轉捩點的「自我教育」建議 48
在人生前半場發威的人與在後半場爆發的人 50

成為自在過日子的「B類型」吧！　52
任何話題都能聊得開心的女性「特殊聊天術」　54
人生後半場，別把時間浪費在解決問題上　56
退休後「內在的動機」很重要　58
人生和考試一樣，不能臨時抱佛腳　60
以長遠眼光追求幸福　62
第2章 重點整理　64

第3章 用享受的心態迎接人生後半場

透過「回春制服」來改造你的行為舉止　66
試著扮演成功老化的人吧！　68
當你不能再把年輕當本錢硬撐的時候　70

人生後半場一定要了解自己的「能耐」 72
讓「頭」、「心」與「關節」更靈活 74
老化等於硬化，該做做伸展操軟化身體 76
笑的功用、哭的功用 78
寫封信給「過去的自己」和「未來的自己」吧！ 80
只要保持「好奇心」，即使年紀大了也不會讓被討厭 82
「挑戰者精神」是退休後支撐你前進的動力 84
第3章 重點整理 86

第4章 有效理解「老伴」、「老友」想法的暖心建議

可視為「健全家庭」的2個條件 88
為什麼女性越老越感到幸福？ 90

喪妻之後也能長壽的良方 92
做好「informal debut」的準備吧！ 94
孩子自立前，對夫妻來說都是危險期 96
即使是夫妻，也不能少了「報、聯、商」 98
跟老伴的交流，要採取「對外人的態度」 100
溝通最重要的是「感謝」與「回饋」 102
子女自立是夫妻「再婚」的好時機 104
新的開始，從改變彼此的「分擔關係」做起 106
擁有安定「領域」的幸福 108
終結家庭紛爭，讓領域更加安定 110
別只顧著管理公司而忽略了經營家庭 112
能不爭執就儘量別鬥嘴 114
「丈夫的幸福」與「太太的幸福」之間的微妙差異 116
第4章 重點整理 118

第5章 人生後半場用5道力量放光芒

提升人際關係，好好來磨練「閒聊力」吧！ 120
關鍵在於「知識」、「話題」與「深度」 122
如果有聊天對象的話，人可以一直保持年輕 124
破解「表情密碼」提升閒聊力 126
與呼吸配合的「同步聊天」 128
少點矜持，試著認同他人觀點 130
讓對話嗨起來的「提問力」 132
拋開「包袱」，獲得自由的人生後半場 134
男性也追求「女力」的時代來臨了 136
善用前半生累積的「壓力」，讓後半生飛躍起來 138
挫折耐受力高的人，較能享受老後愉快的生活 140
有「自知之明」的人才能學得更多 142
培養「興趣力」是絕對正確的 144

夫妻間擁有共同興趣一舉數得 146
第5章 重點整理 148

第6章 年老時不會後悔的生活方法

所謂「幸福」是詞意曖昧但很好用的一句話 150
退休後的男性懷抱著怎樣的夢想呢？ 152
改變未來的「正面思考」 154
幸福感來自可以擁有一起生活的伴侶 156
即使被孤立也不會感到絕望 158
有親朋好友在，人生才幸福 160
平常也可以談一談深入對方心裡的話 162
試著寫看看Ending Note吧！ 164

把責任與生命的價值來做個有趣連結 166
不管到了幾歲都要維持自信 168
自以為是的人自我價值比較低落 170
成為「吉祥物」，提升自信心吧！ 172
迎接第二人生，接下來你要收割的是什麼？ 174
有挫折感的徵兆出現時要留意 176
完整運用人生經驗的時刻來臨了 178
以回憶錄的模式，整理一部個人史吧！ 180
第6章 重點整理 182
後記 183
參考文獻 189

第1章

老而不朽

順利邁向高齡的方法

「老」並不是突然從天上掉下來的

「老」不是一天造成的，而是在不知不覺間、來了來了從山坡上輕輕地下來了，漸漸蠶食鯨吞你的身體。

比方說，三十幾歲四十幾歲去參加小孩子的運動會時，應該有不少人感到身體狀況大不如前吧。要是你不知道節制還像年輕時那樣拼命地跑，要不是弄疼膝蓋，再不然就是全身肌肉痛得要死，讓你馬上認清「我已經不年輕了」的現實。

這狀況到了五十歲後，你對於身體變差這件事情會有更深的體認，注意到自己的身體跟自己的想像完全不同。你明明想跨出個40公分，實際上卻只移動35公分；這5公分的落差就是造成「明明什麼都沒有卻會突然絆倒」這種不可思議現象的主因。

曾幾何時身體變得僵硬、關節的活動範圍變小、步伐間距也因此縮小，**但是你的腦袋卻沒跟著理解這件事實。**

在狹窄、堆滿東西的地方，你往左一動、往右一動都會撞到東西；要不然就是舉起東西就會不小心把東西弄掉。不光是你的注意力下降了，從眼睛視覺接收直到情報傳抵腦部並且採取反應的速度也產生了微妙的延遲。

不只如此，你的身體自然修復的能力也變差了；年輕時走路不小心絆個一下還可以靠腹肌跟背上的肌肉一下子就找回平衡，當你過了五十歲就開始搖搖晃晃一不小心就「喔~~要倒啦」。雖說不至於說摔就摔從車站的長階梯上摔個鼻青臉腫，但你心裡已經確實開始感到恐懼與不安。

十幾二十幾歲的時候，一般人不會去考慮到「維持肌力」的重要性。肌肉需要維持這件事情你大概想都沒想過，可是從今天起，你若是不把這事情放在心上每天「維持」肌肉強度，你的肌肉力量會不斷走下坡。

別小看這事情的重要性，到時候你的關節會硬得難以想像；去拜訪大客戶時行禮腰彎得不夠低，那就是你肚子上的油跟腰痛還有關節疼痛作祟造成的啦！

總有一天你會開始感到「重力這東西是真的存在的啊」，當你有這感觸時就表示歲月的作用已經在你身上開始發酵；這是條人人必經之路，誰也躲不掉，**你只能盡力讓你與歲月這把殺豬刀相處得融洽些**。

當個有智慧的「Old man」吧！

不知道你對「老」這個字有什麼樣的感覺？「老人的碎碎念」、「老頑固」、「晚節不保」、「老朽化」等等，對於「老」的負面詞彙一個接一個浮現腦海。不過同時「老」也可以有「老師」、「老前輩」、「老練」、「老店」等帶有尊敬的詞彙。

英文裡的「Old」如果用在「Old car」那就會變成「老爺車」的意思；但若是用在「Old man」，則可解釋成「有智慧的老人」、「先賢」等帶有尊敬意味的稱呼。

「老」的意味可正可反，有尊敬及否定的意味；這麼說來，你可以選擇是要老得人人稱羨，還是要老得嗚呼哀哉，這就有兩條路擺在那讓你選了。你是要當個「垂垂老矣」的老人，還是想當個有智慧的「Old man」呢？

日本諺語說「鬼有十八，番茶會出花」，形容只要年輕就能發揮相當程度的魅力；不過當「年輕」、「美貌」這些牌從你手中消失，你又不想「晚節不保」，那該怎麼辦呢？

以物品來說，有些東西稍微舊了點就可以直接扔掉，也有些東西如皮製品那般越愛惜使用越有味道；「中古品」說起來雖然失去了新品那樣的價值，但再放久些變成「骨董品」就會越陳越香越有味道了。

別忘了一件重要的事，「老」這個詞其實是中立的，沒有正邪高下；但這個詞是要老得好還是老得壞，最終仍會挑一邊站。

有些事物陳舊了仍有價值，或者該說，陳舊得比當初的新品來得更有價值。要是你能「老」成這副德行，那就連你臉上的皺紋都會老得很美麗；反之，要是你年齡徒增，卻沒隨著年齡增長得到相對的智慧與技術、魅力，那你的皺紋就只是醜醜的皺紋罷了。

每個人都想老得漂亮、老得受人尊敬、老得受人重視；想要達到這個境界，你該重視的不是怎樣消除你臉上的皺紋，而是該重視如何讓你的皺紋「老得」很有價值、很美麗。即使不知道該怎麼做，至少也該隨時隨地戒慎警惕。

有所失，亦有所得

在心理學用語當中的「發達」包括了從生到死的每個階段；思春期、成人期、中年期、老年期，每個階段都有「獲得」與「喪失」、有「得到些什麼」與「失去些什麼」。怎樣去面對、接受、對應這些課題，就是心理學的大命題了。

在思春期到成人期這段時間，人們會累積、獲得各種有形無形的知識與事物；到了中年期之後這些已經被抱在懷裡的東西則開始大量流失，如何面對自己的所有物正在流失的這件事實是一道難解的命題。嚴格說起來，根據你個人獲得與喪失的關係平衡，你的發展階段在職性上會產生劇變。

以身體來講，你的體能、敏捷都會隨著年齡增長而衰退；就看看打棒球踢足球的那些職業選手，沒有一個是到了六十幾歲還在活躍在球場上活蹦亂跳的。如果你只是打興趣的，那當然可以玩到老玩到死沒錯啦，不過體能、敏捷這些能力是不管你有多拚、花多少時間，也無法力挽狂瀾持久不衰的。

相反地，知識與思考力是會增長的。這種能力被稱作「**結晶性智能**」，人類記住新事物的記憶力雖會隨年齡增長而衰退，但知識卻是隨年齡增長而累積。同時，將所累積下來的知識與技術活用於創造，這種創造能力也是不會衰退的。人類智能的一部分就像是結晶一般，會不斷累積下去。

比如說文學家之類的人透過更深邃的探索沉思，修得更加洗練的文字涵養，年紀越大寫出來的作品越有韻味的作家大有人在。又或者是公司業績蒸蒸日上，經營者精神奕奕每天活力飽滿；這就是運用過去得到的經驗及知識，在各方面修得了正確的判斷能力所造成的。

所以現在失望消沉還太早，**衰老並不是只有失去，只要努力還是可以獲得些什麼的**。只要能站在老後也能發揮所長的位置，後半生也能在沙場上快意馳騁。

「結晶性智能」這個形容真的下得很好，你的智慧與知識就如結晶般隨著時間不斷擴張成長；可是結晶如果沒有構成晶核的經驗與知識，是沒有意義的。重點在於思春期、成人期這段期間你到底獲得了多少東西，這就是影響後半輩子的條件。光是虛度光陰混過大半輩子，你就只是個普通老人家，老了就只會慢慢流失自己所擁有的東西，沒有更多長進。

不論老少，沒有努力就沒有獲得。

退休前後會經歷的「七個階段」

美國的「老年學」研究人士Ashley指出，大部分的人在退休前後會經歷七個階段。

第一個階段是**離退休還早的階段**，這時會抱著「只要我還有工作可做就死不了吧」、「退休後對於工作的成果應該會感到滿意吧」之類的信念。在這個階段時，人們還沒做好要退休的心理準備，甚至會否定自己總有一天會「離職」。

第二個階段是**快要退休的階段**，人們會去參加一些退休前的計畫，開始考慮到退休金、年金、身心健康等等。從這個傾向上看來，有參加退休前計畫的人們，退休時的收入較多、退休後也較常參與各種社會活動。

第三個階段是**退休後的蜜月期**，也就是「以前沒時間作的現在都有時間了」這種陶醉感。退休前越是把重心放在休閒活動上的人，越能體會這種幸福感，對於退休這件事情也越能快速進入狀況。

第四個階段是**覺醒階段**，當蜜月期告一段落之後，在這階段會感到抑鬱不安及失落，也漸漸能理解到過去只是嘴上講講的退休現在變成了事實的感覺。

第五個階段是**再適應階段**，摸索、評估以及決定什麼樣的生活方式能讓自己滿足於退休生活。

第六個階段是**安定階段**，實踐自己所選擇的退休生活。

第七個階段是**最終階段**，從你的生活中獲得經濟方面以及人際關係層面上的獨立。

這雖是美國研究，但套在日本人身上大概也適用；**假設退休跟老年期同時一起來，那麼退休後你的日子怎麼過、怎麼調適，就會與你的老年期調適扯上關係**。

退休並不是人生的終點，而是另一個階段，在你退休之後還有很長一段時間在等著你。就如年輕時為了小孩的將來存錢準備教育費用，年紀大了就要為自己的將來成長做個打算，訂定計畫。

要設定計畫，那就聽聽前人是怎麼做的吧！

「老」也是一種新的人生體驗

當你開始覺得關節很有存在感，這其實也算是「變老」的一種身體信號。因為年輕時身體愛怎麼動怎麼動，關節可不會跟你鬧瘦鬧痛宣告它的存在感。不過隨著時光流逝，關節的流暢性會下降，走路每跨出一步都會覺得不自然，長時間久坐之後站起來會覺得膝蓋有點伸不直。這種東卡卡西卡卡的感覺，就好像需要點潤滑油潤滑似的。

那種感覺就像是不知道是缺了膠原蛋白還是缺了玻尿酸，反正就是少了點什麼，宛如自己的身體內的水分跟油脂漸漸缺乏的感覺。

早上一起床，指頭的關節就稍微發疼；看看報紙，下面廣告的那些個「XX湯」「XX酒」之類的健康食品所標榜的治療症頭完全跟自己現在的狀況一樣。那就像是有人對你說「歡迎來到老年人的世界」，這個新的世界就這樣在你眼前展開。

是的，「年老」也是一種新的發現、新的經驗。人生不是只有年輕而已，當你不在職場上叱吒風雲、東征西討，剩下的日子可不能叫做「餘生」。

對！以身體來講，從你呱呱墜地哭出第一聲一直到發育完成這段算是「成長」，之後都可以分類為「老化」沒錯；但是做為一個人，**一直到你死透透躺進棺材為止都算是成長**。

你活在這世界上的每個日子裡，身體跟頭腦都會發生變化，這些變化都可以算是「成長」。以「死亡」為完成型來看的話，你成長的每一刻都可以被稱為「老化」，而體驗這每分每秒的變化，才可以稱得上是「夠格的人生」。

老年期絕對不是「高潮」之後的「餘燼」、「副產物」人生，以舞台來講可以說是「第一幕」、「第二幕」、「第三幕」……一幕一幕走向最後也是最重要的「最終幕」。為了不讓你的老年期像是謝幕後的「後台」那般，或許你該試著把聚光燈的焦點換一下。

若是想讓自己的人生從頭到尾都充滿樂趣，那就該在新的階段做個新的自己，享受人生。

難以忘懷過往榮光的「老女優症候群」

心理學有個名詞叫做「老女優症候群」，漂亮的女明星人老珠黃、失去了昔日的美貌，每天為了歲月的摧殘而擔心害怕，否定自己的老化、引發憂鬱症狀或是沉溺於酒精；這類不適應症狀就稱為老女優症候群。女性為了永保青春美麗而努力其實不見得是件壞事，比起自認為「我老了」而整天愁眉苦臉，跑美容院或作打扮趕流行這些行為，不光是對你的肌膚，事實上對你的心靈會有更大的好處。

不過，如果你追求的是跟年輕時同樣的美貌，那就不是很可取了。因為美麗是會確實隨著時間而消逝的，越是不放手，越會對你的精神造成壓力。**與其為了多餘的精神負擔而浪費熟年的美好時光，不如朝著與年輕時不同風韻的美麗與魅力去發展，會來得更有建設性**。

研究者們以中年女性為對象，調查她們對目前生活的滿意程度。同時又向她們借了大學時拍的照片，評價她們身體上的魅力；結果發現，越是覺得「大學時代非常有魅力」的人，中年以後的幸福感就越低，對於生活以及對人交際關係的適應程度也越低。

也就是說，年輕時很漂亮的女性對於所謂的「昔日的榮耀」難以忘懷，無法將這個念頭從腦袋裏頭排出去。年輕時光是走在街上就會被男性視線包圍，那種幸福感已經一去不復返，過去靠著自己的美貌而建立起的自信已不復存。

年輕時應該在其他方面更加累積自己的魅力，但除非你失去了既有的魅力，不然很難發現這件事。其實說起來，就算是中年的自己，也是充滿魅力的中年女性；但大多數人都沒發現自己身上這項新的魅力。

相對的，打從一開始就沒把人生重點放在美麗的女性，反而會漸漸在美麗以外的其他地方發揮自己的魅力。研究者指出：「平凡的女性在人生進入中後段轉捩點時，會再次得到正確的高度評價」。

不光是女性，就連男性也是一樣，人類根據其認定價值而決定其思維，同時他人的看法也隨之改變。在人生前半場沒拿到好成績的人，在後半場或許還有逆轉機會。

與其闊談當年勇，不如開創新局面

講到男性，當然也有跟「老女優症候群」差不多的不適應症，只需要看看你周遭有沒有人特別愛談自己的過去有多麼成功、立下多少功勞就知道了。

「當年勇！當年勇！」是某個搞笑藝人組合的成名段子，這種引人發噱的當年勇聽起來是挺好笑的，不過他人的當年勇可不盡是些好笑的故事。

有些心理學者認為，過度執著於昔日的成功經驗，反而會是一種病狀。由於無法忘懷過去的成功所帶來的快感，導致個人失去了對現狀現實的適應能力。

這種人不會有所謂的「進步」，也不會「發達」到年齡應有的程度。這種人巴著當年的英勇事蹟不放，一直原地踏步，且不對於即將到來的老年期作應有的準備。

肉體雖會一步步走向老化，但老化並不代表你的內心會跟著一步步邁向成熟，這點要注意。如果你只是一路走向「衰老之路」，這可不會讓你自動變成受人尊敬的「老賢者」。

五十六歲的課長對凡事都要插嘴說「以前都是這樣做的」五十七歲部長大喊「就是因為這種人一直占著那個位子才會失敗，這種人就是老不死啦！」不管哪個都很糟糕。

與其不斷重複過去的一頁，不如每天寫下新的一頁。越是接近老年期，這新的一頁就應該越容易寫下至今無法想像的事蹟才對。寫下的東西不見得全都是好事、愉快的事，有時候搞不好也會有些像是被年輕人笑說「歐吉桑你連這個也不懂喔」之類的事情。

這種時候，不要靠著沉迷於過去的成功來逃避現實，而是**應該要對老去的自己有所自覺**。反過來說，這正是非常需要勇氣的、老年期的英勇事蹟。

積極老去吧！

美國教育學家羅伯特・J・哈威卡斯特將中年期後的「老年期」發展課題分成下面幾項：

1 適應體力及健康的弱化
2 適應退休及收入的減少
3 適應配偶的死
4 與同世代的人們建立友誼關係
5 達成社會責任
6 確保生活富足

屆齡退休，進入了老年期，好！你適應了；說起來簡單，但事情可沒這麼容易。俗話說「有備無患」，在進入老年期之前先知道有這些課題、趁還有能力時盡早做好準備才是正確選擇。

另外，研究者雷賓森分析了四十位中年男性的個人經歷後，將五十五歲到六十歲分類為「中年的高峰」，之後則稱為「通往老年的過渡期」。

在這時期當中，中年期的生活構成（此人的基本生活方式）會產生變化，並會開始為了迎向老年期而逐漸打造出新的生活方式。具體來說，大概就是要住哪、跟誰住、收入有多少、存款有多少、老伴先走了那要怎麼辦後事、要埋在哪、退休後交友關係跟人際關係是否還需要維持、每天早上起床之後要過著什麼樣的日子等等。

承上所述，像這樣面對老年期的課題也可以說是人類的一種「發展」階段，所謂的發展並不是只有青少年期才會發生的事情。同時，老年期絕對不是單純失去能力變得無能的人生階段。

體力下降、收入減少，這種**適應自己逝去所有事物的能力，也可以說是一種新的創造力**。老年有老年人的課題，並且在老年期克服、發展下去；若你只是放任自己衰老下去，這樣的人生就太無趣了。真正該做的，應該是積極面對自己的老化；將老年期的課題像是填空似的一項一項解決掉，這種生活方式也挺有趣的不是嗎？

若是愈來愈常說「那個」兩字……

每個人在感到自己衰老時，都會先從懷疑自己的記憶力衰退開始，這種時候你講話會越來越常用到「那個」來完成你的句子。

「那個拍點心廣告的那個藝人手裡拿著的那個……」

「什麼點心？」

「啊就是那個啊，那個連續劇裡頭經常演的……」

「哪齣連續劇？」

「那個童星出身的女演員主演的……」

「童星出身？跟歌舞伎演員結婚的？」

「那是那個吧？不是啦是更那個的……」

就像這樣對話內容越來越亂，根本找不到頭緒。

明明就在腦中某處，卻想破頭也想不起來，好像再加把勁就可以想到了，最後還是想不起來，這種現象被稱為「**記憶凝塊**」。

不過這年頭有「搜尋引擎」這種方便玩意，即使腦袋裏頭想不起來，用網路搜尋一下大概馬上就能找到；就算是中老年人，這點事情總難不倒他們吧！

以前家家戶戶電話旁邊都會放一本電話簿，一邊看著電話簿一邊「0…1…」轉撥號盤；但是現在只要把電話號碼輸入進去，電話就會自動記住這號碼，根本不用煩惱。講起來也是當然，電話機沒有記憶凝塊這種麻煩事。

仔細想想，現代社會當中**為了補強人類衰老而存在的技術**隨處可見，我們現在正是受這些技術的恩澤才得以生存。就算不沿著東海道一路步行，也可以搭新幹線或飛機，想去伊勢參拜只要一站就到。

當然，如果你今天真的很喜歡走，那你用走的自然沒人會反對；只是有些人行動不便只能放棄去伊勢參拜的念頭，現在有了這種方便的手段，終究還是好事一件對吧。之所以說人生後半場還有很多事情可以做，其實也就是這麼回事。

另外，記憶力衰退之後還會發現一件事情，那就是大部分的事情就算沒記得一清二楚其實也沒什麼大不了的。要是能注意到這種事情，那年老之後大概也可以過得很幸福吧！

新道具能在人生後半場幫上不少忙

人年紀越大，似乎越不容易適應新的事物；當錄放影機登場時、打字機跟電腦問世的時候，都讓當時的老先生老太太苦戰了一番。

當年笑著看老先生老太太大戰先進科技的年輕人們也在不知不覺間老去，現在也成了「跟不上時代」的世代了。說起來終歸還是這世界的進化瞬息萬變，當你好不容易才記住手機要怎麼用，接下來馬上就碰到智慧型手機上市。

當你覺得「我就用這個手機就好，這支就夠了！」，拿著故障的手機跑去手機行，說「請給我一支同機種的手機」，店家卻告訴你這麼老的機子已經沒在賣了；這瞬間，你會感覺到自己已經老得跟不上時代了。

這種對全新事物的適應能力被稱為「**流動性智能**」，流動性智能隨著你的年紀會逐漸衰退，但會有另一項能力取而代之，就是之前所提到的「結晶性智能」。從小到大活著的每一天所累積下來的經驗及知識凝結晶聚，這項能力在六十歲左右到達顛峰，之後就算到了八十歲也不會有明顯衰退。

這個結晶性智能到底能發揮到什麼地步，就得看你前半輩子的經驗了，如果沒有累積任何經驗，自然也不會有可以結晶的東西。

而且現代跟過去相較起來，很容易刺激流動性智能的發展。新的事物不斷問世，電視也有了數位化，老人家也得強迫自己習慣新的遙控器操縱方法。以前說「我才不需要手機這種東西」的老爺爺，為了跟孫子傳簡訊拚了老命記住操作方法，用著用著不知不覺間連表情符號都用得很順手了。

一邊累積新知識，一邊將過往經驗結晶化，這就是現代中老年人的生存之道；而且最近的新產品都有越來越簡化、便於操作的趨勢，不先嘗試一下就拒之於門外可是非常不智的選擇。只要抱著「習慣就好」的心態去接觸新事物，這樣一來，新鮮事物對你享受人生的人生道路上，應該會有相當大的幫助。

受人喜愛的老年風格

在賴查德等人的研究當中，將五十五歲到八十四歲的男性分為五種性格。

第一種是**圓熟型**，對過去的自己不會後悔，能接受現實，並認為未來有光明、有希望。

第二種是**安樂椅型**，被動、消極，接受現實。認為自己既然退休了，就該理所當然安享天年。

第三種是**裝甲型**，對衰老有強烈不安，為了保護自己，想維持與年輕時同樣的活動型態。

第四種是**憤慨型**，無法接受自己的過去與老化，非難周圍的人，經常採取攻擊行動。

第五種是**自責型**，認為自己的人生非常失敗，責怪自己、後悔不已。

第一、第二種人接受現實、不會做超過自己能力範圍的事，對周圍的人來說是很好相處的一種人。

第四、第五種人不能接受現狀，屬於難以適應的類型。這種人本身不好過，對周遭的人來講更是個麻煩。

第三種人會想辦法掙扎試圖維持年輕時的活動水準，也就是俗話中講的「不服老」，講好聽點是「年齡不詳」的人。當這種人還願意努力時就還好，又或者是處於「結晶性智能」可以發揮的狀況下也還不錯；但是當他們失去努力的動力之後就會很快地朝第四、第五種人靠攏。

不過話說回來，人就算老了也不會一下子就在性格上產生變化。當然，隨著年齡增長，對於性格也會有影響；但這不知道是否為高齡者特有的特徵，總之在過去所累積的人生經驗，會反映在老年期的性格上。

如果原本只是個沒有魅力的中年人，那也不太可能會一下子就變成個很有魅力的老人家；為了成為受人喜愛的老人家，人生的一點一滴都是很重要的。重要的是該隨著年齡與環境的變化，鍛鍊自己的心靈與肉體，來為幾年後的自己做好準備。

老得晚不如老得好

這年頭大家流行「抗老」，臉頰肉下垂？去做拉抬；有皺紋？去做拉皮除皺；大家都拚了命的要裝年輕搞返老還童。只不過，要是做得太過火，反而會凸顯自己的年齡。

「Anti-aging」的「anti」字，意味著「反對」、「對抗」，「aging」字指的則是「老化、增長」。換句話說，這是對於年齡增長的一種否定、是「不想長大」跟對抗年齡的意思。

的確，光是年輕就可算得上是一種美麗；不過將「老」跟「醜」畫上等號、追求青春永駐，好像又有些說不過去。因為越是將老跟醜扯上關連、越是想隱藏老化的事實，反而會越顯得自己的醜陋。

不知道大家有沒有聽過「Successful aging」這個詞？「successful」是「成功」、「順利」的意思，換句話說就是「**老得好**」。我認為，比起「老得晚」，不如追求「老得好」，這樣人生會來得豐富些。

將年齡老化冠上「醜惡」的印象，還不如冠上「逝水年華」這種印象，這樣不但感覺漂亮、而且也老得好像更有魅力些不是嗎。

為了維持體力、肌耐力，平常就要適度地做些運動，這樣才不會看起來圓滾滾的；同時還要注意依照自己的年齡攝取健康飲食，這些自我管理能力是非常重要的。另外要搭配跟現在的自己相襯的服裝打扮，這需要用充分客觀的眼光來看自己。

綜合以上，想要老得好，就得活用自己所有的經驗與智慧。也就是說結晶性智能越是發達的人，越能老得漂亮老得好。

看看電視上那些女演員，有些會讓人覺得「年輕時很漂亮的說」，也有些人就會讓人覺得「年輕時很漂亮，但現在也很不錯啊」。可以拿身邊的人生前輩當作參考對象，試著想像一下老得好是怎麼一回事。

第1章 重點整理

・要成為年齡越長價值越高、有智慧的「Old man」
・老化不光只有失去，也會得到如「結晶性智能」之類的事物
・與其重複過去的一頁，不如讓每天都成為新的一頁
・記憶力衰退不要緊，積極地用技術彌補就好
・不要怨嘆昔日已遠，而是接受過去的一切、對未來抱著光明希望

第2章
輕鬆邁向老年的身心調適法

人生以五十歲為分水嶺

2008年，美國的蓋洛普民調進行大規模問卷調查，得到了一項有趣結果。這份問卷以18~85歲之間的三十四萬人做為調查對象，其中有一項是關於「人生幸福度」的問題，以滿分十分對自己的人生進行滿意度評分。

結果出爐，從18歲到50歲之間這個「滿足度」是節節下滑；可是一過了50歲，這條曲線反而急轉直上，最後85歲的人還比18歲的人滿足度高出許多。

另外在「你昨天有體驗過以下感情嗎？喜悅、幸福、壓力、煩惱、發怒、悲傷」這項目裡一直到50歲都看得到「煩惱」這個選項，但在50歲之後這個選項的出現頻率就突然驟降。

如此看來，**50歲這個年齡可以說是人生後半場的一個轉捩點**，究竟50歲會發生什麼事情呢？

以18歲來說，這是個充滿希望與可能性的年紀，體力、元氣都充足，對自己應該是非常滿足吧？沒想到一出社會卻碰上滿地試煉，不管做什麼都不能如意。有時不得不向現實低頭、放棄自己的夢想，或者是無法與自己的心上人結為連理，又或者是子女不成材讓做父母的頭痛不已。

有時或許會想：

「不該是這樣的……」

「我的人生到底是哪裡走錯了路？」

「為什麼他能成功，我卻出不了頭……」

但當到了50歲時，職場的升官競賽也差不多到了尾聲，小孩也差不多都該獨立了。重新面對自己、找尋恰如其分的幸福，自然能獲得對自我人生的肯定。

記憶力衰退、健忘頻發或許也是影響這項調查結果的原因之一，將過去的不愉快全都拋到九霄雲外，化為朦朧不清的美好回憶⋯。

其他當然還有各種因素影響，對於50歲以後上升的幸福曲線，你覺得會是什麼原因造成的呢？

無法忍受無意義的事情

人們無法接受沒有意義的事情，比如說從那個房間將磚塊搬到這個房間去，然後再從這個房間將磚塊搬回那個房間。也沒有特別的理由，就這麼不斷的從這邊搬到那邊、從那邊搬回這邊，不斷重複這行為。這種沒有意義的作業充滿了痛苦，且非常容易累積壓力。

假如今天你搬磚瓦是拿來堆暖爐，有了這麼層意義，那這項作業就會是件有意義的事情。要是用拿這暖爐烤個熱呼呼的番薯，有了這項目標，那搬磚瓦的作業就會更有樂趣，搬磚運瓦的速度搞不好還會提升。

同一件事情，有可能會造成心靈痛苦，也可能會成為心靈上的喜悅；做事效率有可能會下降，也可能會提升，一切都看做事的人心裡怎麼想。如果你認為自己每天的工作就像是沒意義的搬磚塊，那每天光是通勤都會成為一種痛苦、給你帶來壓力。但若是在這當中加上一點正面意義，你便會感到有做這件事情的價值。

所以人會自然而然地替自己做的每件事情加上一點價值。

剛進公司的時候，第一個目標當然是盡快把工作內容記牢。培養出工作需要的技術、想著總有一天「想嘗試這樣的工作」；如果結了婚，則會替自己的工作加上「為了養家而拚命工作」這項意義。

隨著工作時間變長，你的職位也一步步往上升，接到比過去年輕時來得重要許多的工作。自己的小孩上了小學、上了中學，接下來就是準備考高中了……就這樣一步一步踩著人生階梯向上爬。

可是當「退休年齡」步步逼近，也該是時候重新設定自己的人生目標了。小孩子都大了、自己在公司大概也剩不了多少年可待，在這節骨眼上便該決定人生後半場的「下坡」該具備什麼樣的價值與意義。能不能做出正確判斷，絕對會影響這人對人生的滿意度調查結果。

整個社會一齊鼓噪著往前衝、往上爬的那個時代已經成了過去，反而是**能正確判斷「後半場」價值與意義的人，才能在接下來的時代當中找到適合自己的生活方式**。與其打個沒意義、沒幹勁的後半場，不如創造有生存目標與價值的後半場來得有意義。

沒有「企圖心」的人，不會過日子

在心理學上，大家把總是將目標設得高高的，朝那個目標邁進的人稱為「擁有高度達成動機」。

「擁有高度達成動機的人」可以說是擅長為「搬磚塊」這種事，加上意義與附加價值的人，至於「沒有達成動機的人」，則多有不擅長設定目標、容易失去方向及有氣無力等傾向。

達成動機較低的人，隨著年齡增長會想到的是「都幾歲了還把目標訂那麼高一定做不到」、「年紀都一把了，現在才要打拚已經來不及啦」之類的想法，失去對於積極活下去的幹勁。這樣的話不消說，幸福曲線自然是節節下降。

當然啦，你如果要說60歲才開始練溜冰想要練成三周半跳，這種的自然是不太可能；但就算是這樣也不能一竿子打翻一船人說這些都不可能，現在開始練習，十年後二十年後或許真的能得到什麼重大成果也不一定。

那麼，怎樣才算是擅長設定目標呢？

首先，**設定的目標必須要是可以達成的目標**。人們在好不容易完成一件事情時會感到喜悅及成就感。

與其設定的目標太高，搞了半天只弄得灰頭土臉一身挫折感，不如一步步設定目標將其達成，並獲得成就感會來得比較有幹勁，同時也是一種對自己的激勵。這樣久而久之就會變成「只要努力就能成功」的自信，並且帶著熱情迎向下一個目標。

這些有自信的人一步步達成「只要努力就能成功」的每個細項目標，一邊前進；隨著時間過去，與自認為「反正就是做不到」而原地踏步的人之間的差距會越來越大。至於那些「反正就是做不到」的人，最終就會像他們自己所想像的，成為無聊的老人吧！

那些**擅長在自己眼前掛上紅蘿蔔的人**，以結果來看都是幸福的。誰能說得準呢，60歲才開始練滑冰，搞不好80歲真的能在高齡者大會當中拿個優勝也不一定。

在人生轉捩點的「自我教育」建議

我在大學教書，深感當一個人開始注意到自己「老了」的時候是否具備獨立的「自我教育能力」是一件很重要的事情。

所謂自我教育能力指的是**①自己找到適當的學習課題②設定目標③進行學習④評價學習成果⑤依照該評價對下次學習進行改進**，這樣一連串的能力。

如果你能做到這些，那就算把你丟在一邊，你一個人也能不斷學習發展下去。

想想看，在過去那個身分限制嚴格的時代裏頭，即使你再怎麼熱心向學，如果你不是生在有資源有權力的環境下，想獲得知識根本難如登天。

換作今日，只要你有心學習，滿地都是俯拾可得的資源。去圖書館借書不用錢，去文化中心也有不少有意思的講座可聽，電視上提供的資訊更是目不暇給，對於有自我教育能力的人來說，這根本是天堂般的世界。

義務教育的內容與自己的興趣無關，國文、數學、理化、社會，什麼都包、什麼都得照著教科書內容去學。可是你現在早就已經不是接受義務教育的年紀了，不需要被動式學習；**只要挑自己覺得有趣的東西、覺得有興趣的主題，盡量享受學習的樂趣就好**。

但反過來說，如果你沒有自我教育能力，就算你每天住在文化中心裏頭，充其量也只能算是打發時間；被動地看著電視，只能享受當下的樂趣，卻不會有任何成就感。

就拿假日出去走走來說吧，與其光是走路，不如看看路邊野花野草，認識下他們的名字或是拈花惹草帶回家；學習一下歷史，走在跟當年歷史有關聯的街道上。只要有個主題，你做這件事的樂趣就會完全不同；要是你還會自己整理下筆記，那樂趣更是倍增。將自己做過的事情以有形的方式留下痕跡，這是最簡單直接又能獲得成就感的方法。

究竟是以打發時間的方式度過人生，或是以一個主題自始至終貫徹到底，當你站在人生的轉捩點時，就是你將人生價值分個高下的時候。

在人生前半場發威的人與在後半場爆發的人

心臟科醫師佛德曼與羅澤曼兩人研究人類行為模式，將人類性格分為A與B兩種類型。

A類型的人具有「喜好競爭、活力充沛且積極活動、總覺得時間不夠用、暴躁易怒、有攻擊性」等特徵，多從事管理工作。以臨床統計學來看這種人容易罹患冠狀動脈疾病、為冠動脈硬化好發族群。

A類型為加官晉爵型的人，在人生前半場容易發威；可是這種人容易累積壓力，在人生後半場較為容易罹患各種疾病。

相對地，**B類型是屬於「不疾不徐有自己步調」的人**，在升官競賽當中經常會被A類型的同僚搶先一步，但在人生後半場反而會顯出其長處。

當A類型的人在旁邊喘息時，B類型的人可以悠然追求自己的興趣；有時甚至能開花結果，放棄正職靠著自己的興趣就能過活。對他們來講，並不是為了贏過他人而為之，只是單純「因為有興趣就一路做到現在」，完全是水到渠成，再自然也不過的事情。

人的性格不會在一夜之間驟變，俗話也說：「一樣米養百樣人」，各有各的價值觀，所以也不能說A類型或B類型哪邊才是最好的。

站在A類型的立場來看，像B類型那樣開個小咖啡館過日子並不會令他們非常羨慕；而B類型的人看A類型也只會想到「那樣每天競競業業拚升官，到底有什麼好玩」，講了半天，就是人各有志。

當然，也是有人會對那些跟自己相反的價值觀感到有趣，A類型的人即使不想成為咖啡店老闆，看著B類型人沖著咖啡樂在其中的表情，或許也會對在派閥鬥爭中失敗的自己感到無以自處。

在人生的後半場，不論前半場是A類型還是B類型，最好的選擇是兩者兼容並濟；如此一來，平日的各種不滿與壓力會隨之減輕，人生後半場的幸福指數也會跟著上升。

成為自在過日子的「B類型」吧！

接下來，我們來算算你有多「A類型」吧。以下項目都是A類型行動模式的特徵，符合項目越多表示你越靠近A類型，符合項目越少則表示你越靠近B類型。

- 走路很快
- 很緊張、咬牙、磨牙
- 不常大笑
- 一邊看著對方一邊說話
- 坐下時只坐椅子的前半部
- 常用握拳或伸出食指的手勢
- 性急、身體動個不停
- 說話時在詞彙與詞彙間完全沒有間隔

● 說話音量大或是很有力
● 絕不說人壞話或喪氣話

上面寫的基本上都只是傾向，並不是確實把人分成A跟B兩種類型。即使如此，拿上面這些項目做一下自我檢查或是觀察一下周遭的人是否符合，你心裡大概就會有個底了。

我過去曾對胃潰瘍或十二指腸潰瘍的長期住院病患做心理諮商，當時我一直覺得很不可思議的一點是，這些人大多看起來都很開朗。我在他們臉上，看不出來他們有因病而感到壓力的樣子；反而是因為進了醫院之後不再被時間表追著跑，從工作責任當中暫時解脫讓他們非常輕鬆。

一想到這點，我就不得不覺得其實大多數人在日常生活當中都屬於A類型，日常受A類型的行為模式所影響，汲汲營營地活在這個紛紛擾擾的忙碌社會當中。

不過就算是這樣，我們也不該養成因為得病而感到放鬆的想法，而是想著**該如何不要得病、平常應該如何適度放鬆**才對。

任何話題都能聊得開心的女性「特殊聊天術」

在同一間等候室裡，幾個不認識的人坐在一起。如果是女性跟女性坐在一起，那要不了多久就會聊開，彼此溝通交流，給她們三十分鐘她們就會聊得非常開心，關係顯得很要好。換作是兩個男人的話呢？就算過了一個小時，兩個人頂多也只是打個招呼而已，沒有什麼更進一步的發展，就只是乾坐在那兒。

為什麼不開口？那是因為男性經常會覺得「沒什麼話好講的」。根據黛博拉．塔寧這位社會語言學者的研究表示，**「男性的會話主要用於解決問題、提出自己的主張」**。當處於會議等以一個議題為中心的場合，男性會積極主動發言；只要有該談的主題、該解決的議題，男性就會發言。對他們來說，對話是種解決問題的道具，講起來好像也沒錯，這點我身為男性可以作證。

那女性又是如何？對女性而言，會話當然可以是一種解決問題的工具，但更重要的是會話可以促進人際關係發展，可以帶來情緒連結（情感交流）是女性對會話最重視的一點。

比方說透過電話，男性講完該講的事情就會匆匆掛上電話；女性講完重點之後則還有主題、有三倍左右的廢話（從男性觀點來看）可以接著聊。黛博拉・塔寧認為：「女性不論是什麼話題，只要是能作為情感交流的話題都能聊」；隨時隨地什麼都能聊，今天洗了衣服、早上電視播的血型占卜結果、昨天的大河劇都能成為話題。

男性則很少會這樣，你不太可能會對著第一次見面的人說「我今天早上刷牙的時候牙齦出血」之類根本不重要（對男性來講）的日常話題。要是男性端出這種話題，因為聽他說話的對象也是男性，講著講著就會變成牙齦出血講座，提出一堆不必要的知識跟建議，甚至還會介紹你去找哪邊的牙醫比較好。

但如果是女性則會變成「啊！這感覺我懂。我們年紀都大了嘛！我最近也開始鬧腰痛啊……」「對啊對啊，現在連用吸塵器打掃都很吃力」這類根本沒重點（男性觀點）的話題發展。寫著寫著，我也開始覺得「這套我真學不來」。

人生後半場，別把時間浪費在解決問題上

只要有明確的目標，男人就會發揮他們的行動力；若是「為了老年能多活些日子讓老婆安心」，他們甚至會拼命去打造「informal network」（非官方的、非正式的人際關係）。

地區性的社群常態活動，如祭典等，就是男人們大展身手的時候。擺攤怎麼擺、今年要不要來賣個炒麵配豬肉味噌湯、要不要來挑戰看看做可麗餅；炒麵份量多少、豬肉要準備多少量、賓果遊戲誰來主持、誰來負責準備要送給小孩的贈品等等，這可有他們忙的。

然後當祭典辦得成功，大家在慶功宴上嘴裡說著「啊！今年的祭典就這樣結束啦」、「到明年祭典再見啦」，主事的這些阿叔阿伯盡是一派消沉氣氛。說起來如果辦祭典的時候你們能這麼起勁，那平常沒祭典的時候也找個固定時間大家聚在一起熱鬧一下不就好了？可惜的是，事情可沒這麼簡單。

男性基本上都屬於「問題解決型」，當他們有「要讓祭典辦得成功」這麼個目標的時候，他們會聚在一起熱熱鬧鬧提出各種意見交流。要是少了這麼個共通目的，他們就沒什麼話好聊的了；換句話說，這個地區性的祭典其實就像是一種職業，而男性的溝通交流則都屬於「formal」（官方的、正式的）交流。祭典原本應該是屬於非正式的一種活動，卻被他們搞得好像很嚴肅很正式，用這種態度去面對整個活動。

不過這樣又有何不可？總不能突然叫男人們聚在一起聊「今天曬衣服乾得好快啊」、「今天真適合曬被子啊」這種話題吧？就算不像那些一年一度的大祭典那般隆重，**只要給他們一些目標，讓他們有藉口可以聚在一起交流一下搏感情**那不就好了嗎？啊，當然最重要的是，別讓他們把重點放在「解決問題」上頭。

小地方的小祭典，一群人為了炒麵的份量、豬肉味噌湯裏頭的料彼此鬧個意見不合，吵翻了天就會有人說「老子不玩了」。事情沒必要鬧成這樣，最重要的是能夠透過這些活動讓彼此發展人際關係、相互連接才是重點。

請抱著「喔？豬肉味噌湯裏頭用雞肉？這倒是挺新鮮啊」這種等級的寬大胸懷，加入交流的行列。

退休後「內在的動機」很重要

驅使人採取行動的動機分兩種，那就是**「內在的動機」**、**「外在的動機」**。

所謂外在的動機指的是「為了家族」、「為了金錢」、「為了公司」、「為了獲得地位」等為了得到外來報酬的動機；相對地，內在的動機則是以自己感到有趣、快樂而轉化為原動力的動機。

當然，如「為了孩子而努力賺錢」這種想法不光是為了人同時也是為了自己內在的感受。但當子女長大獨立後，這項動機就再也不成立；即使是「為了公司發展」而替公司做牛做馬，但當你退休後這項動機也自動消失，你再也不會為了公司發展而行動。

如果靠著外在的動機活下去，當這項外在動機消失時，心裡會浮現「我為什麼要這麼努力拚死拚活拚到現在呢？」這種疑問，心靈會變得空洞。也就是說，外在動機有其界限，又或者是會走上死胡同也不一定。

同時藉由外在的動機而活的人們，當他們卡住無法脫困時，他們較容易將責任推給他人。

「我明明是為了小孩而犧牲自己的人生」

「搞了半天，公司根本沒給我應得的報酬」

這聽起來就是百分之百感到受了背叛、充滿恨意的味道。反過來說，既然是當你失去些什麼而感到憤恨，那麼這項動機本來並非出自於自己的內心，或許應該算是外來的動機。

另一方面，如果行動原理是出自於內在的動機，則沒有所謂屆齡退休這回事。高齡人士若想要得到更多成就感與生存意義的話，內在的動機就比外在的動機來得重要。

在你的生命中，有沒有什麼事情是即使小孩自立了、退休了之後**自己也會想要持續做下去的**？有沒有什麼喜悅不是為了他人，而是**純粹來自於自己心中的**？這是個很深奧的問題，當你不再能藉著每天的工作與養兒育女來分散自己注意力的時候，就得直接面對人生最大的命題了。

你真正想做的事情是什麼？拿張紙做個筆記吧。

人生和考試一樣，不能臨時抱佛腳

聽說越是熱衷工作的人，退休後越容易足不出戶；仔細想想這還挺有道理的。到退休為止每天都是從早到晚工作第一、只想著工作的事情，當沒了工作之後，他就什麼也不剩了。因為有工作才有自己，沒了工作就會發生「自我崩壞的危機」。退休前在職場的地位高高在上，人人見了都要鞠躬哈腰；但沒了工作沒了頭銜，突然就沒人理你了。

這麼說來，在工作上累積出來的交情與所謂的「人際關係」還真是不堪一擊；這樣的關係其實根本稱不上「關係」。在有工作時才會一起喝酒一起抱怨說閒話的人，當你沒了工作，即使刻意聚在一起喝酒，也不會有話題。

而且，越是熱心工作的人，越沒有享受事物的心情。凡事追求效率，單純享受的時間對他們來講都是「浪費」時間，自然很難覺得有什麼事物是有趣的。

當走到這一步，就已經是病入膏肓了；就如同求學時唸書都靠臨時抱佛腳的人，很難真正獲得實力，這種平常沒準備、臨時抱佛腳的退休生活也不會好過。

關於這點，只要是老早就注意到**「工作並不是人生的全部」**的人，都已經慢慢在腦袋裡頭做好了盤算，考慮人生的步伐調整。工作並不是全部，而是將其中的一部分花在自己的興趣、家庭、地區活動等方面。像這樣的人退休之後就不會窩在家裡，而是四平八穩地邁向老年生活。

幾年前，各大企業漸漸開始實施「退休前教育」，讓快退休的員工去想想老年的生存目標、推薦他們多接觸點興趣或考個什麼證照、學著做菜什麼的。就如同當初年少不懂事花了好幾年才融入社會當中，「老年」與待了幾十年的社會不同，花個幾年去做點準備也是非常正常的事情。

你想過著什麼樣的老年生活？想種菜，那就開始物色農地吧。想唱歌，那就找找自家附近的合唱團也不錯。為了退休所做的準備會讓你對「老年生活」的態度變得積極，做好各種準備，讓未來充滿歡樂與期待的日子真是令人嚮往啊！

以長遠眼光追求幸福

雖然知道臨時抱佛腳的老年生活不會幸福，那為什麼大家還是不願意對老年生活做些準備呢？

一般來說，是因為大多數人不太會去考慮太過長遠的未來。對於現狀，他們大致感到滿足，抱著這種「主觀的幸福感」；只要現在覺得幸福，日子還過得去，對於接下來的事情就不太去傷腦筋了。

回想一下當學生時的考試經驗吧；只要考試時成績不錯就好，考個不及格、考零分當然會很失落。考大學時，只要能考上想去的學校就很HAPPY，沒考上就覺得很不幸，對吧！

可是，為了考出好成績上好大學，需要拚命唸書，唸書這事情就沒那麼HAPPY了。正常來講與其唸書，整天躺在那裏吃點心看電視或許對大多數人來講還會覺得有趣些。

站在第三者立場，父母老師看著這樣過日子的小孩總會說「去唸書」、「不唸書下場會很慘」，但當事人選擇了眼前的快樂而將唸書拋到腦後，結果就是當明天要考試了才會突然想像到自己考完之後「一點也不HAPPY的自己」，這才慌慌張張去玩起臨時抱佛腳的把戲。

窮人因自身窮困而無法過著錦衣玉食的生活、買不起想要的東西，他們會想著「要想辦法結束自己的貧困日子，總之先考上好的大學吧」，不然就是「為了找份好工作，先磨練自己的技術」；總之他們會為了幾年後的幸福生活而忍耐眼前的不便與痛苦，這就是所謂的「Hungry精神」。

所以說，對於現狀不是很滿意的人、在工作上不是很受到肯定的人，不如早點對工作以外的世界產生興趣，會來得比較好些。

或許你可以說，在人生後半場能享受樂趣的人，就是在前半場沒能獲得樂趣的人。反過來說，前半輩子叱吒風雲的人，就得多注意了；為了要能讓你現在的幸福感持續到老年，最好趕快開始「為老年做些準備」。

第2章 重點整理

- 只有能找到「後半場」意義的人，才能過著有意義的人生
- 設定可以達成的目標，在自己的眼前掛上「胡蘿蔔」吧
- 不要被動，該主動接觸有趣或是有興趣的事物
- 在人生後半場發威的人都是「自由自在，有自己的步調」
- 該想著要去建立「informal network」（非官方、非正式的人際關係）

第3章

用享受的心態迎接人生後半場

透過「回春制服」來改造你的行為舉止

之前已經強調過年紀大了就不要勉強自己裝年輕，不過反過來說，要是覺得「反正年紀都一把了」就不再注意自己的打扮穿著，又或是過度在意「要符合年齡」而選擇太過樸素的衣裝，都算不上好事。到了人生後半場，反而應該要比年輕時更加在意打扮整潔，否則會老得更快更明顯，這點要注意。

這並不是說要你看年輕人流行什麼就跟著穿什麼，不過若只是因為自己年紀大了就覺得「服裝打扮根本不重要」然後隨便穿隨便打扮的話那可不行。正因為年紀大了，才更需要注意自己的穿著，同時也別忘了要把自己弄得乾乾淨淨的。

我會推薦各位穿些年輕時不太敢穿上身的亮色服裝，比如說放假的時候穿個粉紅色毛衣之類的；早生華髮、男性雄風不如以往的男性穿起來其實還挺搭的。

女性穿上粉紅色，看起來也會年輕個十歲；配上略顯貴氣的橘色或紅色，會使你的臉色看起來比較紅潤、較有血色。戴個帽子也挺不錯的，可以蓋住漸漸稀疏的頭髮；在鬢角用小朵的花朵裝飾，也會顯得比較漂亮。

根據心理學我們可以得知，服裝會嚴重影響人的心情。**服裝會推動你的感情，或者該說，你的行為舉止會因為服裝而改變**。比如說你如果穿上制服，那你自然會做得像是那個職業那個角色所應有的樣子；護士就像護士、快餐店店員就像快餐店店員那樣自然地應對進退。

人們或多或少都有點在扮演「自己」這個角色；至於怎麼演，那就會因服裝而影響其心態，更進一步影響表演的感情。對他人視線的緊張感，會讓你的表情、姿勢、心情都更加有彈性。

如果你是擅長後半場人生的人，那不妨想像一下自己穿著什麼衣服吧！哪件服裝會是你的「回春制服」；穿著回春制服，你就會光明正大、無所畏懼，能輕鬆扮演最棒的自己。

試著扮演成功老化的人吧！

接下來我們來做個基本評量，以下各項目請用 O或X作答。

①□ 自己的人生隨著年齡增長而惡化
②□ 年紀大了，比以前更不中用
③□ 覺得跟年輕時一樣幸福
④□ 因為擔心、在意而導致有時失眠
⑤□ 比以前更容易生氣
⑥□ 凡事都滙往壞的方面看
⑦□ 覺得寂寞
⑧□ 對於與家人、親友的交際感到滿足
⑨□ 覺得活著是一件很不容易的事情

以上項目是由洛頓所認定的「morale（志氣）尺度」所選出，然後稍微改了一下形容方式。③與⑧為YES的話算1分，其他題目為NO的話算1分，請自行計算；得分越高的人表示你的「志氣」越高；同時志氣高的人被認為是成功面對年齡增長的人。

在此我想提倡的是請大家試著「**扮演成功面對年齡增長的人**」，前面已經提過了怎樣把會讓自己回春的制服穿上身，現在我要請大家想像穿上這種服裝時自己該抱著怎樣的態度去過日子。

要對自己有著「人生，真是越活越有味」、「跟年輕時比起來，我現在腦筋更靈光、做事更有效率」這樣的自信。與其擔心這擔心那、看這不順眼看那不愉快，不如套上那身能讓自己成功回春的服裝，讓自己煥然一新，就像是「成功的人上了身」那樣。

先從外觀，再來製造氣氛跟情感，只要你有心，這樣就算是成功邁向老年了。

當你不能再把年輕當本錢硬撐的時候

年輕時愛怎麼玩就怎麼玩，愛多晚睡就多晚睡；但到了中年這麼搞就會覺得身體吃不消。有一天，當你發現自己不能再為所欲為，這就是感到衰老的指標。

身體上上下下開始出現小毛病之後，你馬上就會感受到自己活了這麼大歲數，到底做錯了什麼事情；這並不是說你一直到昨天為止都好端端的，今天就突然這裡痛那裏病。而是說你從小到大就算生活習慣不好作息不正常，還是可以靠年輕這項本錢撐過去；直到現在這項本錢沒了，身上的問題漸漸就浮現出來。

開始覺得身體不知為何會往右偏，左邊好像哪裡少了點什麼，這些問題以前沒感覺的現在全都出來了；要是放著不管，問題只會越來越惡化。但要做的不是像過去那樣仗著什麼本錢來硬的，而是必須盡可能取得平衡。

比如說腰痛，大部分的人姿勢不平衡，導致背上的脊椎骨會往一邊偏，甚至是使得肩膀歪向一邊。年輕時脊椎歪一邊，大多人都會仗著年輕而忽視這點，就算腰歪了一邊也硬撐著不管。可是腹肌、背上的肌肉就沒這麼好說話，一旦肌肉鬆弛、缺乏支撐骨頭的力量，這些身體的異常就會以各種疼痛再次重現。

即使如此，在這時候用「年紀已經到了」當作藉口而放棄治療，還嫌太早。若是在這裡放棄了，那接下來這疼痛只會越來越糟。**年紀越大，要導正身體就越困難，趁現在一點一滴地將身體的平衡找回來，維持肌肉力量才是最重要的。**

大部分的人都會去醫院接受全面性的健康檢查，但檢查完了就當沒事，沒多久又回到原來的生活作息，這樣去做檢查也是白搭。好不容易將你身體的狀況全部化為數字資料了，那便應該利用這些被數據化的資料來改善自己的身體狀況。

飲食生活的均衡，會對接下來的人生產生巨大變化；要能理解這點，也需要年齡跟見識幫助判斷。你可以試試看，連續一周大魚大肉在外頭隨便亂吃，之後再度過一個禮拜刻意追求魚類、蔬菜、水果均衡攝取的生活，如此你應該可以馬上體會出身體狀況的不同。

這點也是當年輕這項本錢不再有效時才會發現到的事實，你會注意到，強健身體的根本，果然還是來自於飲食。把自己當作實驗品，親自體驗一下吃不同的東西對身體狀況會有怎樣不同的影響吧。

人生後半場，一定要了解自己的「能耐」

醫生們常說要「均衡的飲食與適度的運動」，但是這個「**均衡**」跟「**適度**」其實很難界定。

完全不運動的肌肉力量會衰退，並且造成腰痛、膝痛；但運動過度反而也會造成腰痛膝痛。你當然會想問「啊！這到底怎樣才算適度？」可惜，這個問題沒有標準答案，只能由每個人自己去找尋自己的適度在哪裡。

不過若只是講個大概倒也不是不行，首先，以前從不運動的人突然開始訓練操身體這種當然是大忌。就如同小時候去游泳池游泳之前總會先做點熱身運動、用蓮蓬頭在身上沖水讓身體適應水溫之後才下水。這是因為突然跳進水裡會對血管與心臟造成激烈負荷。

另外，跟年輕時比較起來體重增加許多的人要是突然開始運動也得特別注意點。因為你太久沒運動，支撐你體重的肌肉力量本來就已經下降了，突然運動必定會對其他部位造成更多負擔。所以首先應該先從飲食控制開始，將體重降到一定程度之後再慢慢開始運動比較妥當。

而現在要開始運動的人，首先得從了解自己開始。要了解自己，我建議你可以先從走路開始；不要一下子就從跑步開始，先慢慢走就好。走路是不論通勤、上學、買東西，大多數的人每天都在做的事情，即使你從現在才開始走路，造成身體故障的危險性也比較低。

平常走路時你手上總會有個公事包，現在少了這累贅，調整好姿勢、雙手擺出去，跨大步伐，一邊走路一邊感受全身的肌肉運動吧。

一開始只要連續走個20分鐘左右，測測水溫就好。這跟平常沒精打采的走路不同，要把背打直了走他個精神抖擻，光是走個20分鐘就能見效。當你漸漸習慣這套之後，再慢慢拉長時間走上30、40分鐘，只要是**不會累翻、能定期持續的運動長度就是適合你的「能耐」**了。

走路可燃燒脂肪、維持肌肉力量，同時每天持續適度的運動可以鍛鍊體力，對於提升免疫力也有效果。也不需要風雨無阻，剛開始只要有空可以做運動就好。

讓「頭」、「心」與「關節」更靈活

嬰兒的身體很柔軟，令人不禁感到柔軟其實跟生命力的強韌有關係；隨著年紀增長，最初如同痲糬般軟嫩的肌肉，會變得如樹幹般硬梆梆的。人的其他部位也是一樣，年紀大了之後身體跟頭腦都會變得僵硬。

當關節硬化，可以活動的範圍就會縮小，活動也不順暢、幅度也變小，肩膀也越來越容易痠痛僵硬。如果你的頭（心）也跟著凝固硬化，那反應自然不會好，思想邏輯也會越來越狹隘。

強迫硬掉的東西伸展開來雖然不是上策，但最好還是透過適度運動讓頭、心與關節的動作範圍可以維持下去。心的活動範圍要是能擴大，就會有肚量可以了解部下的想法、企劃並且聽取建議。反之，凡事只用自己的看法去判斷、使得部下們的行動受限的話，那就像是對公司做出不負責任的行為。

活動不光是對身體有好處，對心靈也有正面效果。坐在桌邊工作、看書是種刺激，到戶外活動則可以給大腦更多刺激；多動一動，其實也可以動到腦子。

別以為大自然平凡無奇，其實大自然充滿了各種刺激；感受風、感受綠意、感受潺潺流水，這些都可以讓身心活性化。當你藉著走路提升了基礎體力之後，假日不妨去高原、森林、山地走走。

漫步逛街其實也不錯；稍微注意一下周遭就會發現，女性就算上了年紀好奇心也絲毫未減。新的服飾百貨剛蓋好，女性朋友即使不買東西也會來逛；韓流風潮大流行，她們就去逛新大久保；各種展覽會、音樂會、新開的餐廳裡也都是女性顧客較多。這些充滿行動力的女性大多都是肌膚有光澤，明顯是健康有活力的。

有些男性或許會說：「她每天閒著沒事在家，當然有活力啊」，其實這正是休息與運動均衡的象徵，也正是我們應該羨慕、效仿的。說正確點，這種**「追星族心態」正是擴大頭部與關節活動範圍的原動力**。

老化等於硬化，該做做伸展操軟化身體

隨著年齡增長，伸展操的重要性益發明顯；何謂伸展？就是使肌肉伸張、舒展。

老化其實就是一種硬化，肌肉很快地就會變硬；一緊張就會僵硬，一變冷就會僵硬，一疲勞就會僵硬，一運動就會僵硬。

所以要藉著伸展操將這僵硬的部分伸張舒展開來，之後疼痛就會減緩、第二天也不會感到疲勞，不會因僵硬的肌肉而使得關節可動範圍變小，對維持體力也會有好處。

人死後身體會變得僵硬、變得冰冷；而活著就是一種溫暖、柔軟的狀態。雖說年紀大了體溫會下降會變冷，但只要透過運動及伸展操便可以讓體溫回升。

年輕時有在做運動的人，應該很明白伸展操的效果吧！現在健身房及各種管道都有在教人做各式各樣的健身操，每天洗完澡之後做點伸展操，既可以減輕肩膀痠痛的症狀，也可以提升睡眠品質。

至於女性這時候可以先試著從簡單點的部分下手，我會推薦大家去買瑜珈用的軟墊來做伸展操，當然男性也可以試試看。不要小看伸展操，對於日漸老去的身體來講這效果可說是立竿見影。

同時，當你定期持續做這件事情，那就會變成一項「指標」；比如說年輕時就一直在運動的人會覺得「以前走一個小時都沒事，現在只要身體有點不舒服，就走不了那麼久了」。就像這樣，你的身體最清楚自己的狀況。隨著逐漸走下坡的運動能力，你漸漸地就會知道多大的運動量會帶給你多少疲勞感，這樣你可說是得到了評估自己適度狀況的一項基準。每天持續做伸展操，甚至會覺得「今天右邊好像比較拉不開，會不會是姿勢歪了」，容易注意到每天身體狀況的不同。這種**能與自己身體對話的能力**，可說是定期運動的好處之一；不管是走路還是伸展操，都是老年人應有的好習慣。

笑的功用、哭的功用

我們在第二章介紹過了「A類型的人」的特徵，其中有一項「不常大笑」，這點與A類型的人容易得病有點關聯；或者該說，大笑可以提升免疫力。

著有《笑的健康學》（三省堂出版）的伊丹仁醫師曾做過研究，研究結果指出**「笑可以使對癌有免疫能力的natural killer細胞活性化」**。

俗話也說「笑口常開福自來」，用哇哈哈、哇哈哈這種大笑將壓力一掃而空，一定對促進健康有正面效果。

即使今天只是「皮笑肉不笑」也行，人類的感情有一點很有趣，即使是虛假的笑也可以帶來愉快的感覺。你要是哭喪著一張臉，整個人的感情也真的會變得很負面；所以即使你不覺得今天很愉快也無妨，笑就對了，你的情感會跟著有所轉變。

不過，要是忍著悲傷不讓眼淚流下，那也不行；眼淚其實有解放壓力的功用，悲傷的時候用力給它哭出來，哭完就會覺得好多了，相信這種經驗大家都有過吧。

哭泣這項行為可以將你從「悲傷」這項精神狀態中解放出來，同時也可以將因壓力而分泌的荷爾蒙排出體外。換句話說，「不抱怨、不流淚」的A類型人其實對壓力的抵抗力很低。

碰到重要的工作時人人都會緊張，將自己的意見呈現在眾人面前時說話會比較大聲、比較有力也是理所當然。但是將這種A類型的特徵24小時掛在身上就不見得是件好事。

做人最重要的是伸縮自如，在公司工作時像個A類型的人，回到家過著私人生活時則像個B類型的；與家庭、興趣相處時盡量歡笑，該哭的時候就哭出來，藉此放鬆自己。

回到家之後，即使是偽裝的笑容也要笑出來；假日為了動人的電影而落淚，學會收放自如，讓身心都保持健康吧。

寫封信給「過去的自己」和「未來的自己」吧！

過去曾流行過「時光膠囊」這種玩意，在1970年的大阪萬國博覽會上，由現在的Panasonic與每日新聞社合作的「給5000年後的時光膠囊」大概就是這風潮的始作俑者。

大家應該還有印象吧，當時的小學生寫信給未來的自己，全班在小學校園的一角埋下時空膠囊。可是就算說是寫給未來，小學時的自己也很難想像將來老後的樣子。

1985年的筑波萬國博覽會舉辦「郵件膠囊2001」這項活動，將收集來的信件在2001年元旦已郵政服務寄往各處。由於時過境遷，許多信件已無法送往當初的收件人手上，但肯定仍有許多人收到了當時的信。想必這在當時給全國各地帶來了不少賺人熱淚的故事吧！

如果你小時候寫過「給未來的自己」這種信，不妨回想一下，小學時的自己對於未來抱著什麼樣的想像？最後你有成為當初想像中的大人嗎？或者是你成為了當初完全沒想像過的樣子？就算與當初的想像截然不同，現在正是個讓自己重新審視自己的好機會，你對現在的自己感到滿意嗎？

不然你也可以翻翻當年寫的暑假日記，做什麼事情讓你覺得最開心、又是什麼事情讓你感動？

人家說「三歲定終身」，一個人的出發點全都在他小時候就看得出來。**重新審視自己的出發點，或許可以得到讓今後的人生更加充實的啟發**。或許會想起「我完全忘了，當年曾想過如果有一天長大成人，我一定要試試看那件事情」。即使是現在也還不遲，不管是當作興趣或是將這件事情與自己工作的企劃做結合，都值得一試。

又或者，你也可以寫信給過去的自己。向幼年的自己報告「我成了這種大人」，然後再寫信給10年後、20年後、30年後的自己，也是個不錯的選擇。

當精神全都放在眼前的事情上，就容易忽略掉某些事情；有時還是給自己放個長假，讓思緒沉澱會比較好。

只要保持「好奇心」，即使年紀大了也不會讓被人討厭

以前曾有人做過這麼個實驗，先讓小孩子去玩積木，然後拿出玩具汽車；這時原本在玩積木玩得很開心的小孩就會撲上去玩汽車，而將積木拋在一邊。這就是玩具汽車對小孩的「新奇性」；**對自己來說有意外性、以前從沒見過的新事物會有興趣，會產生關心**。人類或多或少，都有這種傾向。

以人際關係來講也是一樣，沒了新奇性，很快就會膩。同樣內容的對話不可以一再重複，之所以會覺得旁人老王賣瓜很無聊，其實也有一部份原因是因為他們的內容總是不斷重複。同樣的，之所以大家不太願意跟老人家講話，也就是因為老人家總是把老故事不斷搬出來重講一遍又一遍。

一開始聽了你或許還會覺得「喔喔，然後呢？」聽久了你就會覺得「那故事已經不知道聽多少遍了」。

在會話時之所以不斷變換話題，其實也就是為了提升新奇性。提供對方所不知

道的情報，讓對方感到意外、感到有趣，覺得每次跟你對話都會有新的話題，這樣的人就很有魅力。

「每次跟那個人聊天都會聽到些很有趣的事」，這種人就會成為人群中的焦點，茶餘飯後聊天的中心。

當然，專注於研究一件事情是很重要的，這種深究也會是一種魅力。但在閒聊時並不需要太過執著於一個點上頭，對於興趣的鑽研，還是將這話題留給有同樣興趣的人就好。

詳細內容我會在第五章再作探討，要讓跟鄰居、infromal（非正式的、個人的）人際關係更加圓滑，這種社交術的基礎就在於「雜談閒聊」。閒聊所重視的是多面相的知識、常識與新奇性。要是對方對於現在講的話題沒興趣，不要覺得「為什麼你對這麼有趣的話題沒興趣啦」，而是應該盡快轉移話題。知識要淺、範圍要廣、語調要輕、話題要新鮮。

上了年紀思維變得僵化成了個老頑固，其實是非常正常的事，但年紀增長卻不讓人感到沉重的老人家，才會讓人覺得有魅力。

「挑戰者精神」是退休後支撐你前進的動力

雖說人或多或少都會被新奇的事物所吸引，但略作區分還是可以分為好奇心非常旺盛、喜歡新奇事物的人，以及不太會主動接觸新奇事物的人。再加上年紀越大，人對於新事物的適應能力就會越來越低，所以一般人會傾向於優先使用自己早已用慣了的東西。

這種長期以來已經習慣的事物會使自己感到安心，可稱為是一種「領域」。窩在領域內以獲得安心感並不是不好的，但退休後能讓自己安心的領域只剩下自己的家，要是你屆齡退休便只能縮在家裡頭當個家裡蹲，這種生活多無趣啊！**為了年老後也能擴展讓你安心的領域，慢慢的嘗試新的事物**會是比較妥當的選擇。

前陣子最流行的大概就是用手機寫信，為了跟孫子透過郵件交流，老爺爺們拚了老命學著打字、想要記住那些表情符號。

現在則是流行臉書跟推特，這年頭大家都會用數位相機拍照、拍短片，馬上就可以上傳，即使是住得大老遠的孫子，也可以馬上在網路上看得到。調整一下設定，也可以設定成只有親人才看得到。

新的媒體也帶來了些以前不曾發生過的問題，使用上還是需要注意；但新媒體的好處實在太多，別的不說，首先就該說這讓人與人彼此產生了新的互動方式。

我也曾因為想到「不知道他現在在幹嘛」而去翻畢業生的臉書頁面，結果看到他寫著近況、也得知他工作得好端端的。就算你們感情沒好到隨時會連絡，也可以透過這種方法得知對方的近況，有什麼事情要聯絡也方便許多。

最近我把行動電話換成了智慧型手機，發現可以用聲音輸入，這樣寫郵件就方便多了。對於不擅長使用鍵盤、嫌打字麻煩的人來說，只要講講話就可以變成文字。雖說在電車上用這個還得顧慮一下別人的眼光，但這功能的準確度真的很高；這年頭，什麼東西都變得方便很多啊！

男性雖然喜歡新奇的東西，但不太擅長教別人使用這些東西。為了學習新的事物，不如向年輕人求教。向子子孫孫討教新的事物，這對於人生後半場也是很有意義的挑戰。

第3章 重點整理

・扮演成功者的角色，連外表、情緒都要演好

・頭、心、身體要是都僵化了，動作也會跟著遲緩

・笑可以提升免疫力，哭可以從緊張狀態中解放出來

・如果擁有充分的「新奇性」，即使年齡漸長也不會令人感到沉重

・退休後最大的支柱是「挑戰者精神」

第4章

有效理解「老伴」、「老友」想法的暖心建議

可視為「健全家庭」的2個條件

家族心理學的研究者M・路易斯分析「構成健康家族的條件」，並將其代表性的條件列舉如下：

首先要確立「夫婦聯合」；夫婦聯合指的是夫妻對等、互相滿足對方的要求、感情有充分連結的狀態。如夫婦之間有這麼穩固的關係，那麼太太與子女、丈夫與母親之間的過渡偏差連結就不容易發生、家庭關係也會更圓滿。

第二個條件是**家族之內需要有良好的溝通**。良好的溝通指的是家人在開放的氣氛當中，可以將自己的感覺或想法自由表達出來的狀態。

這兩項條件的結果，就是家人能自由表現喜怒哀樂的感情、不需要壓抑不愉快的負面感情。家人之間在想什麼，彼此都不難以了解，且溝通會更加頻繁。不需要臆測對方的情感、也不需要搶先一步做出反應，如此一來，自然不容易產生家庭問題。

這大概就是最理想的狀態了吧，不光是家庭，如果在職場也能營造這種環境，那大家都不會有壓力，工作效率也會更加提高，這樣就可以看出溝通有多重要。

電視劇跟電影裡頭的劇情大部分都是意見分歧、誤會而導致問題發生，走進死胡同；接下來再因為什麼戲劇性的變化造成大家誤會一場、真相大白再來個大團圓高潮收尾；這種劇情會給觀眾帶來所謂的Catharsis（精神的淨化作用）。

即使沒像戲劇那樣誇張，我們的日常其實也是這種劇情的循環。人生說穿了就是人與人彼此互相理解、漸漸加深對他人的理解也不一定。

那些始終無法理解他人的人、不打算理解他人的人只會不斷抱怨；能不能理解對方、並加深對自己的理解，會對自己的人生造成重大影響。

為什麼女性越老越感到幸福？

如果要論男女之中誰比較享受「人生的後半場」，那大概是女性佔上風。會為了老年生活苦惱的大半是男性，女性反而是以進入老年期後更加感到幸福的人占多數。這其中的一項理由是基於「建立人際關係的技術」之高低差異。

男性的人際關係多為formal（公務的、正式的），而對於informal（個人的、非正式的）的人際網路較不拿手則是大多數人的傾向。

正式的人際網路，主要是透過工作所建立的人際關係，在公司組織當中的上司、部下、同僚，又或者是客戶那邊的人之類的。在這樣的關係當中，工作上的交流被稱為「formal communication」。

男性大多有活在這種 formal network、formal communication當中並以此為生活重心的傾向，他們容易將此誤認為是一種「人際關係」。一起喝酒、一起打高爾夫，他們就會認為「這是種朋友關係」。可是等到他們一離開這份工作，這種關係就幾乎不存在了；雖說偶爾會有離職後還能持續這種關係的人，但說得極端一點，也是有人只要一離開那個職位就完全沒了這些人際關係的。

反之，女性在建立非正式關係這方面就很拿手；許多女性目前都活躍於各種職場，所以當然也有許多職場上的正式關係。但就算是在工作上認識的，私底下一起去溫泉旅行、建立非正式人際網路，或者是下班後一起從事同一種興趣的人聚在一起出遊等等，女性非常擅長於在各式各樣的情形下交朋友。

這種朋友，在你離職之後並不會就此消失；反而是在你離職後，原本不甚活絡的非公務友人網路會一口氣變得更加活絡，帶來玫瑰色的晚年生活。

男性與女性之間，就是存在著這種對人際關係的相異，以及想法上的不同。男性應該多向女性討教下有關享受人生後半場的技術，在女性進出職場之後，換男性該學著如何進出「非公務關係的社會」了。

喪妻之後也能長壽的良方

雖說要大家充實個人的私交關係，男人有男人的特性，這點始終無法改變；但即使用本性論反駁，晚年生活果然還是非公務網路發達的人過得比較幸福。

「有朋友在」這點對於減輕孤獨感有非常重要的影響，這是專家們研究出來的結果。最重要的關係不是夫婦，而是朋友關係。

當然夫妻關係也很重要，但畢竟是一個丈夫一個妻子這種關係，說起來範圍實在是太小了。但朋友關係就可以有很多種朋友，跟以前的同事可以一起聊工作上的回憶，跟學生時代的朋友、有共同興趣的朋友，關係不同、話題也有各種豐富變化。

有份研究是針對喪偶之後的夫妻關係去研究的，以傾向來說，寡婦較丈夫健在的女性活得長；而鰥夫在喪妻之後則顯得短命。

丈夫過世後的女性還能充滿活力、悠然自得活得好好的，跟各種朋友自由相處，享受晚年生活，活得長長久久。而喪妻之後的男性則會顯得精神萎靡，沒有人照顧自己的生活起居，被孤獨感所包圍，因為這些壓力而短命。

這差別是來自於男性身邊最親近的友人是「自己的太太」，除了妻子以外沒有豐富非公務網路的人，在失去最親密的人之後就會馬上陷入孤獨。相對地，原本妨礙著自己非公務網路發展的老公過世了，做太太的少了這個絆腳石自然是更加輕鬆愉快。這樣講起來不知為何，開始覺得男人有點悲哀。

一想到自己死後老婆反而會活得更好，就覺得有些不甘心，為了跟這種女性對抗，男人應該要有「就算老伴不在了」也要能讚頌晚年生活的氣概。

即使勉強自己也要參加地區性的社群活動、召集同好組成社團、參與志工活動等等，**總之先製造跟他人接觸的機會**就對了。

做好「informal debut」的準備吧！

剛才說過了，男性擅長建立公務上的交流關係，女性則擅長建立非公務的交流關係。

接下來，我們來談談為了能更加享受人生後半場而不可或缺的夫妻交流，以及非公務的人際關係交流技術吧！

有個詞最近不太常用，叫做「濕掉的落葉」，這個詞曾經有過一陣話題性。意思是說當丈夫退休之後就像是濕掉的落葉一般黏在妻子身後，所以用這個詞來形容。

為什麼會黏在妻子身後，原因是因為失去了公務聯絡網路的男性，沒有其他的人際關係，過去每天只顧著上班下班公司家裡兩點一線，對於跟鄰居之間的人際關係、買東西該上哪裏買都是一問三不知。於是凡事只好跟在擁有非公務人際網路的妻子後面到處轉。

但即使是跟在妻子後面，跟一群鄰居湊在一起，做丈夫的也還是沒有話可說。要是沒有「祭典」之類的主題，他們根本連怎樣開口交流都不知道，只能讓妻子開口講話。

換句話說，對丈夫來講，妻子就是個傳聲筒，對外交涉用的外交工具；如果少了這個好用的外交工具，丈夫就會陷入孤獨短命早死。所以要想多活幾年，他們就只剩下好好珍惜太太這個選項。

可是這招也不能算是非常有效，由妻子來照顧丈夫的生活，其實會讓丈夫感到超乎想像的憂鬱。當丈夫退休後就「必須每天跟妻子黏在一起」這足夠讓他們想到就不禁憂鬱起來。

我認為，**男性不應太過依賴妻子，而是應該漸漸試著融入非公務關係的社會並且獲得自立**。

這當然不是一時之間就能做到的事情，就像是準備考大學，有些人早在小學時就開始做準備了。為了交些母姊團的朋友而前往公園，不是做「公園debut」而是做個「地區活動debut」。為了達成「informal debut」，先做好腦袋跟心理的準備吧！

孩子自立前，對夫妻來說都是危險期

結婚、生子、子女獨立、然後又回到夫妻兩人的生活，這是典型家庭成員的變化流程。

根據調查，**夫妻關係在剛結婚時為「愛情分數」的最高點，子女出生後則一路走低**。原因是因為妻子的愛情從丈夫轉移到了子女身上，當妻子的注意力全都放在子女身上時，夫妻之間的愛情自然就不如以往濃烈，這點不管是在日本還是在美國都是一樣的。

換句話說，子女的存在不但不能強化家庭關係，反而還會破壞夫妻關係。

而當子女要自立時，做太太的會陷入「空巢症候群」。子女離巢獨立，巢就空了；一直以來都是母親在照顧子女的生活，跟丈夫之間的關係並不密切。當子女獨立後母親會感到失去生活重心，失去氣力或陷入憂鬱狀態。

對夫妻來說，子女準備自立之前的那段時間，可能正是夫妻關係最危險的時候。這時候通常會有兩種結果：一種是熟年離婚，一種是重新建立夫妻之間的關係。在心理學上他們用「關係性」這個詞，認為夫妻之間需要再次提升兩人的關係性。

有些人會說結婚數年後當夫妻關係不融洽時，應該要想辦法「恢復結婚當時那樣的關係」，很可惜，這是不可能的。

所謂的**關係性，是時好時壞，會隨時間而不斷變動的**。這點必須隨時放在腦海裏頭，不可忘記；尤其是當彼此關係惡化時若是不馬上想到要「恢復」的話，馬上就會一路拉黑到底。

可是男性一旦締造了良好關係之後，容易覺得這種關係會一直「維持下去」。所以他們會輕忽大意，就是所謂「上了鉤的魚就沒飼料吃」的態度。這下當彼此關係惡化時他們不願意面對現實，只會想著「老婆變了」，希望「回到以前兩人的那種關係」。

你是否也認為只要老婆變成以前那樣可愛的女性，兩人的關係就會完好如初？在展開人生後半場之前，先把這種錯誤觀念改過來，再面對夫妻關係吧！

即使是夫妻，也不能少了「報、聯、商」

有項調查問「你認為夫妻之間彼此是外人嗎？」，針對這項調查結果，女性回答「是外人」的較多，而男性則以回答「不是外人」的較多。看來男性比較認同「夫妻為連體同心」。

聽了這結果或許有些男性會覺得「女人真冷淡」而感到失望，事實上絕對不是女性冷淡。站在女性立場來看，一旦魚上了鉤就再也沒有飼料可吃，抱著這種態度的男人才真的冷淡。

大多數的女性都會重視關係性，所以認為夫妻彼此為外人，只是住在同一個屋簷下而已。

夫妻雖然像是豪華便當盒那樣層層疊疊的，但這層層疊疊的關係是隨時可以拆開來的。比起男性，女性更有這份警覺性。男性則容易以為彼此建立了關係就像上了強力膠一樣緊緊黏再一起，誤以為彼此永遠不會分離。

那麼，所謂夫妻彼此互為外人又是怎麼回事？結婚前彼此相遇時兩人的確是互不相干的，為了加深關係而開始密切聯絡、互贈禮物、一起用餐、互訴衷曲，經過一番努力過後才建立了這份關係。

男性會覺得「關係已經建立，可以收工了」而放棄繼續努力。可是太太想的卻是「人際關係才沒那麼簡單，不時時刻刻維持馬上就會關係破裂」，這不但不是女性冷淡，反而表示了女性更重視夫妻之間的關係性、投入更多心力。

稍微研究一下熟年離婚的案例，會發現男性大多都覺得「為什麼突然說要離婚，我搞不懂」。明明一直以來都過得好好的，怎麼突然到了這時候才說要離婚。

會走到這步田地一定是有各式各樣的原因跟經歷，但他們大概是盡全力不去面對現實、只是坐在那兒自認高枕無憂。心裡想的是「不用掛在嘴上說也能明白」，但其實只有丈夫這麼想。

就算現在才開始也不遲，要隨時隨地把太太當成「外人」，夫妻之間也不可忘記「報告、聯絡、商量」。

跟老伴的交流，要採取「對外人的態度」

為了保持夫妻的關係性，你需要的是廣義的溝通技術。

簡單來說，首先當然是先從搭話開始。我早上起來一定會先說「早安」，洗了臉接過老婆遞給我毛巾，我會說「謝謝」。有時就算不合場合我也會說「妳看起來還是那麼漂亮」、「那件衣服很適合妳」。

說起來雖然很簡單，但很多男性連句「謝謝」都說不出口。男性們別用沙文主義態度認為「你該不會是叫我對我家那口子道謝吧」；之前已經說過很多次了，這是一種溝通技術，是一種「建立關係」的行為。而男性，在這方面的技術可說是差勁透頂。

下一步，偶爾要找到太太會喜歡的餐廳、帶她去吃飯；有時候，看場合還要買點什麼禮物送給她。

這種事情男性在「把妹」的時候都成功（拚了老命）過。又或者是在工作上對客戶時，講些好話、接待一下，做業務的都學過這些技術。

這就是所謂**「目的性的行動」**、**「道具性的技術」**，是「為了使〇〇願意XX而使用的道具」。不管是用言語還是贈禮，這都是為了讓女性感到高興、使工作上的交涉更有利的技術。

不幸的是，如果男性不先設定好目標，這招就無法發揮。就跟聊天一樣，沒有個主題他們就很難把這件事情做好。為什麼丈夫會疏於跟妻子交流，其實也就是他們認為妻子已經不再是自己的「目的」了。

要讓妻子成為「目的」，則必須要用「對外人的態度」。

「妻子雖然住在自家屋簷下，但她隨時可能會離家出走，如果想長命百歲就得想盡辦法把人留下來」。只要有這項大主題擺在那邊，男人也能發揮工作上的溝通技術來維持夫妻關係。

夫妻關係絕對不是連體同心，永不分離的。兩人其實只是交疊在一起，一不小心就會產生錯位。隨時**修正錯位造成的誤差**，是時時刻刻不能忘卻的課題。

溝通最重要的就是「感謝」與「回饋」

站在男性立場來講，當男性拚了老命想跟妻子溝通交流的時候，即使只是一句「謝謝」或是一個微笑都好，他們會希望太太也能給點反應。

這就跟教動物學會雜耍時要給牠們點心吃是一樣的，要的都是一種「回饋」。只要想到「做了這個就有東西吃」，牠們就會表演小把戲；對人，妳不一定得要給他們什麼有實體的物品，只要一個笑容或一句話也行，重點是能讓他們覺得開心就可以了。

當丈夫說「謝謝」時妳只要表現得很高興，他們就會注意到這點，以後就會如法炮製。要是妳冷冷地說「你是發什麼神經病逆」，那他們就不會再對妳道謝了；即使妳要說「你是在發什麼神經病逆」，也要盡量笑笑地說。

打造關係性，不能靠單方面的努力，而另一方放給他爛；必須要兩邊同時努力才行。

做太太的用各種辦法試圖改善，而丈夫卻一點反應也沒有的話，關係性是不會成立的。同樣的，丈夫有心卻被妻子潑冷水，這樣的關係性也會中途失敗，雙方的共同努力跟時機是最重要的。

男性不必太緊張，一般來說女性對於溝通是很敏感的，只要男性表現出「想要跟妻子溝通」的熱情，應該都還來得及。當然，越快越好。

尤其是認為「稱讚妻子」這件事情「很假鬼假怪」的男性，當他們自己被稱讚的時候可是會特別高興的。

「我就是覺得這條領帶很適合你才買的，戴起來真好看！」

要是太太這麼說，聽了一定會覺得走路都變得輕飄飄的。但可別因此誤以為「我還很有男人味」而跑去對公司的年輕美眉擠眉弄眼的，應該要對稱讚自己的太太說「謝謝」然後再補個微笑。

如果能帶著感謝的心，送妻子一條當季最流行的圍巾那就更好了，感謝與回饋都是雙方面的。

子女自立是夫妻「再婚」的好時機

夫妻關係本來是只有兩個人的，原本只有兩個人的對話，當孩子生出來之後就變成了親子交流；歲月匆匆，當子女離巢之後又剩下兩個人，可是彼此之間對話卻顯得分外生疏。這樣的例子應該挺常見的對吧。

那些在子女出生之前兩人常做的事情，即使只是抱著對方的手一起散步，現在卻覺得「為什麼要做那種事情」。年輕時明明彼此是那麼地積極熱情，現在卻完全無法想像，這真是不可思議。

但正如前面所說過，關係性是會不斷流動的。想要「永恆不變」的關係是不可能的，不過這也不是說要勉強回到年輕時的那種關係，即使與之前的關係性在質性上有所變化也可以。當子女離巢之後只要還能建立新的關係性，那麼「愛情分數」就還有上升的空間。

或者換個想法，可以把這當成是「與結婚對象再婚」。

年輕時，喜歡的對象有什麼興趣、喜歡什麼樣的音樂、看什麼樣的書，不管是什麼你都會想摸個清楚。

結婚之後過了幾十年，即使你自認為將對方摸了個一清二楚，但你也還是沒看到重點。**過了幾十年，伴侶喜歡的東西會變、追求的東西也會變、人生觀更會變**。

「小孩獨立了，以後兩人要過著什麼樣的生活？你最近對什麼事情有興趣？」只要一開口問起這個，兩個人的話題就源源不絕了。這就可以製造新的關係性。

你會發現以前你的伴侶都是這麼說的，現在卻完全不一樣了；想起兩人相識時的共同興趣、或是去聽令人懷念的音樂會。子女有子女的生活要忙，沒什麼時間去管老人家，所以說到底這時候正是感念老伴的好、覺得這幾十年人生一起走過來的伴侶最棒的時候。

子女獨立離巢時，也可說是夫妻重建彼此關係、「夫妻再婚」的最佳時機。

新的開始，從改變彼此的「分擔關係」做起

要重建夫妻關係，最簡單的就是「做同樣的事情」、「有共同的興趣」。這是當夫妻覺得「現在還有什麼好說的」時打破僵局、解除沉默危機的一線光明；**「增加共通體驗」可以突破「夫妻再婚」的瓶頸**。

做丈夫的可以選擇加入太太參與的社團，只是這樣你跟妻子的人際關係就像濕掉的落葉那樣完全重疊；如果兩人的興趣一致的話，兩個人一起嘗試些新的事物也是個不錯的選擇。

常見中高齡的夫婦一起享受爬山或旅行之樂，但一看到平常在家做的事情原封不動被搬到外頭上演，心中不禁覺得「做太太的不會覺得不高興嗎」。即使到了山上，做飯的還是太太；住在飯店房間，丈夫脫下亂丟的衣服還是太太收拾。這樣出門跟在家裡有什麼兩樣。對妻子來說應該會覺得「與其跟丈夫旅行不如跟朋友一起出門還來得愉快些」吧。

所謂的「分擔關係」，指的是夫妻的權責大多就像在家庭中那般，沒有變化。既然沒有變化，那就改變它；難得出趟門，丈夫說「今天我來做飯」，然後像個男人來個野炊。又或是豪氣地說「今天就別管那些了」，住在旅館讓妻子舒舒服服放鬆一下，總之需要花點心思去改變。

要是丈夫能這樣改變彼此的權責分擔，那做太太的也會心甘情願地跟對方在一起。

發展新的興趣也可以成為改變彼此分擔權責的一個起點。在同居了幾十年的地方、共處幾十年的環境當中突然說要改變彼此分擔的工作，那肯定是困難的；但如果是在對彼此都陌生的新環境當中，兩人就可以重新建立彼此的關係。

參加新的社團時，在群體中彼此扮演跟過去不同的角色或許會比較好；在新的關係當中妻子看起來會有些「陌生」，這種陌生會讓你感到妻子與在家中時有些不同，將妻子當成「外人」重新交往一下吧！

擁有安定「領域」的幸福

在此稍微轉移一下話題，話說人類內心都有個「領域」。比如說，在載滿人的電車上你擠我我擠你這是沒辦法的事情，大家都會選擇忍耐；但若是今天車廂內還算空曠，我卻還是貼著你站，這樣你會不會覺得不愉快？一般人都會馬上選擇拉開彼此這個……不叫行車距離，應該叫行人距離吧。

又或者是在公司辦公室坐你隔壁桌的同事桌上亂成一團，堆積如山的資料總是蓋到你桌上來。每次看到資料掉到你桌上來，你就會忍不住推回對方桌上；但沒過多久資料卻越來越往自己這裡堆，這也會讓人感到很不愉快。

這兩項都是「自己的舒適領域（地盤）受到侵犯」的例證，是心理上的不愉快感所帶來的。

你或許會覺得不過就是張桌子說什麼地盤，但事實可不能這樣說，有個可以當作自己地盤的領域是很重要的。

所謂領域，指的是在這當中時你可以作主的地方。當你離開這地方一步，就會跟他人擦撞、必須一邊顧慮他人一邊行動；而領域則是個自己可以獲得自由、可以安心的場所。

在職場上，當然是權限越大的人心理上的領域越為廣泛，一般員工能安心的領域則明顯非常狹小有限；在這種情況下會想說至少自己的位子要能夠讓自己作主吧，但不幸隔壁的同事動不動就來侵犯你的領土，叫人受不了。

好不容易下班回到家，你會想高喊「這是我的地盤」然後完全放鬆；不過若是連回到家也「無處棲身」，那你的生活一定到處充滿各種壓力。你總不會想說你的安身之處是天橋下掛紅燈籠的路邊攤吧？那樣實在太悲哀了。

為了不讓最糟糕的情況發生，至少也要保住「家庭」、「夫妻」這些對自己來說最基本的領域範圍。只有讓這些領域安定下來，才能確保你的心靈安定。

要設定自己的領域，其中一個秘訣是將領域範圍內布置成自己喜歡的樣子。比如說廚房是太太的地盤；在起居室的一角排列自己喜歡的燒酒，這樣就完成了丈夫的領域，在那一角他可以鬆一口氣並獲得安心感。就如同小狗在電線杆尿尿，用味道標示自己的地盤那樣。

終結家庭紛爭，讓領域更加安定

正如職場座位之間的紛爭不會有休止的一天，家庭內的領土擴大紛爭也沒有結束的時候。

有對夫妻，丈夫喜歡收集人偶，剛開始太太覺得「這是丈夫的興趣」而睜一隻眼閉一隻眼；沒想到丈夫的收集越堆越多，最後不但放滿了丈夫房間，還擺到客廳來了。這下讓做太太的憤怒指數上升，再也不能坐視這問題惡化下去。

在自己認為是自有領域的地方，若發現了與自己的價值觀完全相悖的異物存在，而且還不斷增生，那肯定會感到不快。太太看不下去，最後直接侵門踏戶進了丈夫的書房（放人偶的房間），把人偶全都當垃圾扔了。這就是戰爭爆發的開端。

其實說穿了，收集品這種東西，對於沒有興趣的人來說沒有任何價值。為什麼要收集這種玩具，為什麼我們家有這麼多點心的盒子跟食玩？這些都會被沒興趣的人當成沒用的東西，然後扔掉。

可是對於收集這些東西的人來說，這都是有用的、很重要的東西；你隨便把它扔掉這就是種重大的越界行為，你是他領域的侵入者。

在妻子看來，「男人老收集些無聊的東西」，可是在丈夫看來，也會認為「女人收集的東西真是無聊」。明明只有兩隻腳，為什麼要買那麼多鞋子？珠寶首飾到底要買多少才高興？

這種講起來彼此半斤八兩的事情隨處可見，**就如同國際間需要規範來維持，夫妻之間也需要明確的規定**。

「收藏品只准放在書房，放在書房以外的地方老婆就有權力拿去扔掉」之類的，用這些規定來保障彼此的地盤、互相尊重。

為了讓家庭成為家族成員每個人的避風港，這整體的運作可不是那麼簡單的事情。再怎麼說，家庭總是每個人最重要的領域；若是你認為「職場是我唯一可以安心的地盤」，那麼就別忘了退休之後，你很可能無處可去。

別只顧著管理公司而忽略了經營家庭

國際間制定各種規定時，免不了因為各國的角力關係而使得這些規定產生不公平；同理，夫妻間的規定，也有許多不公平之處。

比如說太太講：「要放人偶就放在你的房間」，丈夫回嘴說：「這是我賺錢租的房子，愛放哪是我的自由！」妻子也有處理家務、養育子女、協助經營家庭，但這些事情的決定權總是在丈夫身上。這絕對不能說是公平的規則制定方法，太太在這樣的環境下也無法把家庭當作自己的領域來獲得安心感。

根據G．戴維森的調查，在162對夫妻當中，**「認為兩人的關係是公平的（獲得的利益的確根據彼此貢獻度而分配）」夫妻過著最為幸福的婚姻生活**。

認為「我貢獻最多，可是卻沒得到相對應的報酬」的人，當然稱不上幸福。不過，對方可不見得就一定會認為「我得到了比自己貢獻得還多的報酬」，彼此都認為「對方拿的比較多」而認為不公平，這種狀況也挺常見的。

熟年離婚，通常是出自於夫妻的其中一方無法忍受這種不公平感所導致。當退休之後，妻子突然說要離婚；才剛展開年金生活，丈夫就被棄入敝屣。站在丈夫的立場來看會認為是「我經年累月辛勤工作卻得到這種結果」，無法接受；但站在妻子的角度來看，做太太的會下這種決定也是經過長年累月的忍耐才說出口的。這種就是標準的彼此互相不滿，接著就一路走向平行線結局的不幸案例。

那麼，怎樣才算公平？什麼才叫做根據貢獻所得到的報酬？

這點每個人都不一樣，恐怕很難從他人身上得到「這樣才叫公平」的正確答案。對於在自己領域內的另一個人，得先弄清楚他是對什麼不滿、希望怎麼解決、想要人怎麼做，這些都必須要互相提出自己的要求，彼此慢慢調整才行。

如果只顧著經營事業，卻忽略了「家庭的經營」，將會產生失去自己領域的風險。

能不爭執就儘量別鬥嘴

前面提過的社會語言學家黛博拉・塔寧認為，男女對於會話有不同的解讀。女性會「將會話視為用於協力解決共通問題的手段」，男性則是「將會話視為鬥爭的一種前置工具」。

女性與男性雖不能分出個楚河漢界，但或許的確有這麼樣的傾向。

當女性向男性問：「ＸＸ桑，請問那件事情已經向課長轉達了嗎？」的時候，明明只要回答「好險，我忘掉了，謝謝妳提醒我」就可以圓滿了事。可是男性卻像是被挑釁了似的用不愉快的口氣回答：「我很忙以後再說！」

「但是不趕快把事情處理好，營業部門的工作沒辦法接著推動。」

「營業部門還欠我人情，讓他們等著去吧！」

站在女性立場，她是好心提醒，卻被男性當成是「在責備我」、「覺得我工作做不好、瞧不起我」，彼此意見出現歧見。不但事情沒辦法解決，還反而朝著內部鬥爭的方向發展下去。

夫妻之間的對話也是一樣，當太太想著「一起解決吧！來改善關係吧！」的時候，丈夫卻認為是「又要來嘮叨了」而充耳不聞。甚至會說「那有什麼辦法，妳那個樣子哪還有臉說我！」來將自己的行為舉止正當化，批判對方，導致無法得到有建設性的結論而分手。

首先請先將這句話記在腦海裡，「會話，不是拿來分勝負高低的道具」。誰對誰錯，先放到一邊去。

仔細聽對方說的內容，會發現其實只是確認「那件事情是不是已經跟課長說過了」、還有下次休假想出門所以要拜託丈夫看家這樣的內容而已。打從一開始就沒必要在自己的心中先加以批判、搞得自己不愉快。這樣根本是沒人找你打架你卻先張牙舞爪。

會話，是用來彼此理解、**互助用的溝通工具**。如果不能活用這項工具，不管是職場還是家庭都會出問題。只有說清楚、講明白，幸福才會來。

「丈夫的幸福」與「太太的幸福」之間的微妙差異

女性比起男性，有著更加重視情緒連結的傾向，這點前面有提過。在男性眼裡看來或許是「無趣的三姑六婆閒聊」、「沒意義的電話瞎扯淡」，但對女性來講卻是必要的交流。透過「無趣的閒聊」以拉近彼此的親密性，或是確認彼此的親密程度。

比如說跟鄰居在路上碰到，彼此笑著說「今天天氣真好」；這時候冒出一句「天氣真好這我當然知道，講這什麼廢話？」的人，肯定會被認為是搞不清楚狀況的人。

言語不光是單純傳遞事實的工具，也可以表達情感、作為人際關係的潤滑油。

工作累了回到家，老婆動不動就找你講話，讓你覺得煩。明明沒什麼了不起的事情，改天再講就好了，為什麼一定要現在煩我？你如果這麼想就大錯特錯了，之所以會對你說東說西，是因為太太在丈夫身上尋求某種連結，要是太太不跟丈夫說話，那兩人的關係就結束了。

在夫妻關係當中，各種事物的「價值」雖然是因人而異，但對於女性來說，「情緒上的滿足」應該有很大的價值。丈夫每天辛苦賺錢，為的是在「經濟上的價值」做出更多貢獻；可是太太並不希望因此造成兩人在情緒互動上產生空隙，實際上反而是更希望丈夫跟她多說說話。

即使丈夫主張「已經上鉤的魚也有飼料吃」，但給的飼料不對，那也是沒辦法挽回妻子的感情的。

如果凡事都用自己當作基準去考量，一定會失敗。不管自己再怎麼喜歡人偶，就連老婆生日你都送人偶，這怎麼可能會討老婆歡心？

同樣的，為了成為幸福的銀髮夫妻，送什麼給對方會開心、對方認為什麼東西才有價值，這些事情必須先搞懂再說。只有彼此互相感到滿足，才算是真正的夫妻。

第4章 重點整理

・喜怒哀樂等感情都能自由發揮，是健全家族的必要條件
・夫妻之間也要「報告、聯絡、商量」
・交流是「雙方向」，有「感謝」與「回報」的
・避免僵化，首先要改變「分擔關係」
・一片自己能作主的地盤可以帶來心靈安定

第5章
人生後半場 用5道力量放光芒

提升人際關係，好好來磨練「閒聊力」吧！

人生後半場是延續人生前半場而來，我想這是眾人皆知，理所當然的事吧！前半場所培養的知識與經驗，在後半場將發揮重要的功能。

這時將目光轉向人生前半場不太關心的事物之上，並試試挑戰以前不擅長的東西吧！在人生的後半場，擁有這樣的彈性不是必要的嗎？

比方說放置在陽台的盆栽，如果只將一側面對太陽，只有那一側會向陽光伸展，但如果將盆栽轉個方向，另一邊也會變得豐盛茂密，而人也是相同的道理。

在這個章節，我們來談談能充實人生後半場的「力量」吧！

首先，我關注的是在前面已經提過好幾次，女性所擅長的「會話力」。這對男性來說是怎樣都好、瑣碎無用的言談，也就是隨便都能聊上一句的「閒聊力」。

但所謂的「閒聊」並不是真的一點用處都沒有，如果學會「閒聊」，大部份的事情都能迎刃而解，像我有一個碩士論文以「閒聊」為題的學生，他現在正以講師的身份教授「閒聊」的方法呢。

女性聽到「進修閒聊」可能會覺得不可思議，大概是因為難以理解每天無意識在做的事到底有什麼好學吧？

但是對於男性來說這可是十分困難的事呢。如果有興趣、工作等共通的話題還好，什麼都沒有實在無法對話啊！即使特地丟出「昨天的足球賽⋯⋯」這樣的話題，之後的談話也沒辦法繼續。

根據學生的說法，即使是煩惱人際關係的人，只要鍛鍊「閒聊力」就能改善人際關係。也就是說「**無用的對話並不是真的沒有用。**」閒聊是對於人際關係的圓熟非常有用的談話。

對以目的性取向的男性來說，只要知道這是「有效」、「有益」的事，就會將「閒聊力」提升吧！

正因為人生後半場必須打造新的網絡，更應該讓「閒聊力」成為強力的後盾。

關鍵在於「知識」、「話題」與「深度」

為了開始閒聊，首先需要擁有許多能開展的話題，這裡就想成是釣魚時使用「釣餌」吧：如果這個釣餌不行的話，就試著改用別的釣餌，如果還是不行就會再換一個，請將這裡的釣餌想像成話題的更換。

隨便丟一個話題，如果對方對這個話題沒什麼興趣的話，就換個話題。這樣摸索個幾次，一定能找到話題。

但只是做這樣的事，為什麼男性會感到困難呢？

其中一個原因是，男性只聊自己感興趣的話題。即使是三個人聚在一起，三人都只會講自己的興趣或是自誇而已，就像在卡拉OK裡別人唱歌我們根本沒在聽一樣。

女性則因為習慣配合對方，會適切的搭話。其次，如果你在公司裡是上司，下屬總是用「請發表高見～」的尊敬態度遵循您的意見，當滿足於這樣的對話方式，可能退休之後就會被太太拋棄，陷入沒有人要聽你講話的危險狀況。

就像你對沒有興趣、他人的對話感到厭倦一般，對方說不定也對你的談話不感興趣呢，深信「這個誘餌很好，絕對釣得到」的其實只有你自己而已啊。實際上，如果釣不到就換另一個的思考是必要的。但是男性當對方對自己的話題「喔～喔～」表示不感興趣時，卻常會有陷入沈默的傾向。

「好像對這個話題不感興趣呢…」當有這樣的感覺時就改變話題吧。如果能一次次將不同的餌放入，閒聊就能繼續下去。

為了達到這樣閒聊的工夫，可不是簡單的事。首先先從電視、報紙等收集情報吧！不管是電視也好或是報章雜誌也好，可說是包羅萬象、無所不有，擁有各式各樣的話題。政治經濟、社會、事件、娛樂新聞、體育…等，目光朝著自己興趣以外的事物，也可以去關注雜誌或周刊的標題。

對各式各樣的事物感興趣，儲蓄知識是必要的，請不要小看「閒聊力」，這可是能增加「人的深度」的力量呢！

如果有聊天對象的話，人可以一直保持年輕

有著許多有用、新鮮的閒聊話題的人，對於各式各樣的事物都有著興趣。即使看著早上電視的「wide show（註1）」也不會想著：「盡是播些沒有意義的事啊！」而是「誒～晴空塔的土產有這麼多選擇啊！」馬上又有了個新話題。

因為電視總是一直追求新的話題，對於閒聊的話題來說是不虞匱乏的。即使到了八十、九十歲，只要知道澀谷有新的時尚大樓建成，台場有新的設施完工，也能和年輕人聊得起勁。

最近常能在電視上看到因為長壽而有名的雙胞胎金婆婆、銀婆婆（註2）其中的銀婆婆四個女兒。因為她們很了解現在的流行話題，聽她們講話實在十分有趣，讓人覺得她們對於這個世界具有濃厚的興趣、關心及好奇心。

而四姐妹們也因為有能愉快聊天的對象而能常保青春。

這是因為如果只是呆著看電視也會漸漸感到無聊。「我聽到件有趣的事喔！」

像這樣將看到或聽到的事和人聊天分享，就能度過快樂的時光。

當有這樣的動機時，我們在看電視就會將新話題加入自己的資料庫內。想著：「下次來聊這個吧！」時，就會在看電視時拚命地將和菓子的名字、店名等等記下來。但只是記下來如果不和誰說就會忘記，於是想和人有話題的記憶也會留下，而只要和別人聊過幾次，最後記憶就會保留下來。

也就是說，**取得閒聊的素材後與人的對話就能順利進行，人際關係也跟著寬廣。而有了好的人際關係後就能開心的閒聊，變得對許多的事物感興趣**。

建立了這樣的好循環，不管何時都不會失去好奇心，不就能常保年輕的心情嗎？但這雖然看似簡單卻意外的困難也說不定，因此不論是伴侶也好、鄰居也好、工作上的同事也好，有能進行對話的對象是基本中的基本。

註1：日本特有的一種電視節目狀態，類似資訊節目而又與資訊類節目有本質的區別，主要討論演藝界的新聞與趣事，常在白天播放。

註2：金婆婆與銀婆婆（日語：きんさんぎんさん，1892年8月1日—2000年1月23日／2001年2月28日），生於明治時期日本愛知縣愛知郡鳴海村（今名古屋市），金氏世界紀錄人物之「人類史上最長壽雙胞胎」（107歲／108歲）。

破解「表情密碼」提升閒聊力

和人交談時，我們為了表現自己的心情，會將行動「密碼化（encode）」，例如開心的時候看對方的眼睛、展開笑顏；同意對方的談話時點頭；不愉快時則將眼神移開⋯等有著各式各樣的「密碼」。

而對方接受到這樣的「密碼」時，會是什麼樣的心情，則稱為「密碼解讀（decode）」。

從許多研究佐證，製作密碼或是密碼解讀上，不管在美國或日本都是女性比較優秀。因此男性與女性相比，在談話時較無法表達自己的情緒，並且在理解對方心情這部分也較女性不擅長。

男性就算想要表現「開心」，在女性看來也會有「這是開心嗎？還是怎麼了？」的疑惑，常有無法理解的狀況發生，有時還可能會想「再表現得開心一點嘛！」也不一定。

雖然我們可能會想說「即使不說應該也能了解吧！」，但實際上男性如果沒有說的話，僅用表情密碼是難以理解的。因此**男性在表達表情密碼時，以自己覺得「是不是做得太過誇張」的程度來表現，我想就應該剛剛好了**。

我們從跟嬰兒和小孩講話樣子就能完全理解：「小ＯＯ要回家了喔？叔叔好難過唷～～嗚～嗚～」，無論哪個男性看到都會覺得「真是擅長使用表情密碼的人啊」，而大部份的男性則會因為感到害羞而無法使用這樣的對話。

接著還將自己說不出口的表現以自身的標準思考，把女性對自己的微笑與和善錯認為「她對我有意思！」這可真是完全解讀密碼錯誤啊！那個笑容只是為了讓人際關係圓潤，普通的笑容而已，並不是想展現特殊的好意，這也是男性常發生，屢見不鮮的會錯意呢。

對於自己的話題，對方是不是真的有興趣？言談間除了禮儀正確外，如果沒有更深入注意對方的眼睛沒有笑意等等的表情密碼，很容易就變成不會閱讀空氣、白目的人。

與呼吸配合的「同步聊天」

在對話時，當對方點頭你就點頭，當對方看你你就回看，像這樣你來我往的同調動作被稱為「同步」。這是從水上芭蕾（Synchronized swinning）中裡「同時性」而來的心理學用語，有著合拍、調和的意思。嚴格來說被稱為心理學中「相互間的同步行為」或是「同步舞蹈」。

在水上芭蕾的表演裡，手與腳的角度甚至到節拍等皆配合音樂演出，十分華麗。而如果對話能像那樣與呼吸合拍的話，就能更為圓順。有研究指出：如果在談話中，和對方有相同動作，被模仿的對方會因此對你抱持好感。例如對方將手伸向茶杯時，自己也拿起茶杯喝茶，像這樣若無其事的舉動，就能在無意識間將閒聊時的呼吸調成一氣。

而與之相反的，太太與先生講話時，先生不轉頭望向對方，而是一直看著報紙，也不知道有沒有回應，只發出「啊～」的聲音，這樣是不行的！完全沒有做到「同步」。這麼說來我有時候也會這樣，然後妻子向我確認：「有在聽嗎？」，這時我會馬上驚覺回答：「有在聽喔～」並望向太太。

其實不管是什麼對話，只要回答「嗯？」就足夠，對方也會覺得：你有認真回應他的話，而感到高興與安心。

而不擅長言語表現的人，則可以留意運用身體的反應。當別人向你問候「早安」，如果羞於回應：「早啊～今天天氣也很好呢！」的人，可以試著邊用笑容看著對方回答「嗯～」或是舉起手回答「嗨！」，僅僅是這樣也能十足傳遞你的問候。

但如果對方向你問候，而你沒有任何表示的話，漸漸的下次對方不會再向你打招呼，因為這不是「即使不出聲也能傳達心意」的狀況，最後可能會變得無法溝通。

因此即使從今天開始也好，請試一試「同步聊天」吧！

少點矜持，試著認同對方觀點

當別人微笑時回以笑容，在適合的時機點頭示意。**傳遞像「點頭」這般的密碼訊息，是對對方的一種「肯定」**。

而雖然與對方的動作同步有著顯著的效果，但同步認同對方的談話內容與閒聊力也是不可或缺。

特別是男性，常有「不是吧，這樣不是哪裡不對嗎？」像這樣表達自己意見的傾向。掀起爭論並否定、擊敗對方，當自己的意見贏過對方時，心中充滿優越與成就感。

如果在工作場所，具備這樣的能力是必須的，但聊天時就不要這樣了吧！閒聊的目的在於和在場的人們關係變好，而不是比較孰優孰劣的場合。這可是和公司會議上講求目的性完全大相徑庭，首先先試試看這樣做吧！例如有人說：「最近鹽麴很紅呢！」而凡事喜歡插上一句的人馬上搭腔：「那種東西以前就有了，日本人真的是什麼都要追趕流行呢！」就這樣用一句話提出反論。如果是在公司裡討論是否將鹽麴放入甜點內的開發會議，就需要有反對的意見，但是現在是在聊天，不是嚴正探討鹽麴是否妥當的場合，就算挑出鹽麴的毛病，又有什麼好處呢？

試試放寬心胸接納更多事物，即使鹽麴以前就有而不是現在才發現也好，追趕流行也罷，這些小事不需要一一急著批判，現在重要的是，以鹽麴為題和大家開心的聊天。

將自己的反駁與想法放置一旁，請說「我太太也馬上就開始發酵自製鹽麴了呢！」「炸油豆腐沾上芹菜鹽麴十分好吃呢！」等這樣同步的言論吧。或是「真的很紅呢！」只是重複對方的話也可以，少點矜持吧！這是能讓聊天情緒高漲的「同步」術。

讓對話嗨起來的「提問力」

「最近鹽麴很紅呢！」

「不知道為什麼真的很紅的樣子耶～」

「不是～我真的覺得蠻好吃的耶！」

「沒錯！真的很好吃！」

「但是因為我有高血壓，鹽分攝取還是需要注意。」

「也是呢～」

只是像這樣順著對方的話，閒聊就已經成功一半了。但僅是這樣的對話，話題無法延展，因此想要更進一步，讓談話更有活力就需要「提問力」了。舉例來說：

「所以鹽麴到底是怎麼做的啊？」試試像這樣提出問題。

雖然僅僅「同步」就能讓對方感覺愉悅，但積極的提問則讓人覺得：「他似乎對這個話題很感興趣呢！」更能提升聊天的氛圍。

但是常有一聊上癮就開始自說自話的人，這是對於「閒聊」來說是危險的。僅僅一個人在大放厥詞講個沒完，不能稱作是「閒聊」，而是「一言堂」。而為了不演變成「一言堂」的狀況，提升「提問力」也是必須的吧！**一邊問問題一邊「同步」，這就是成熟的「閒聊」**。

閒聊達人話題廣泛，不管來的是什麼球都接得住，而當鹽麴的話題告一段落，又會適當地說：

「說到鹽麴讓我想起來，以前有這麼一道特殊的料理呢……」這樣提出大家感興趣的話題，因此又開展新的閒聊。這是因為擁有廣泛的好奇心，才會有能將話題延伸的「提問力」吧。

閒聊也是需要有理解各式各樣事物的能力，絕對不是只是無用的對話。閒聊力是需要精益求精、磨練而來的工夫。然而雖說是要磨練，但請千萬不要說出「你的『閒聊力』還差得遠呢！」這樣批評別人，藉此誇讚自己的能力的話。

拋開「包袱」，獲得自由的人生後半場

雖然在人生後半場，閒聊力是其中能發揮功能的技巧之一，但這樣的能力在人生的前半場就沒有用處了嗎？當然不是的，實際上這樣的能力在工作的場合也是十分有成效的，請大家作為參考看看吧。

例如舉辦促銷活動時，即使是企業的業務也常是男女搭配一起活動，有這樣以各自的特色分擔工作的方法：親切的女性首先一邊呵呵笑著、一邊和對方閒聊，製造和諧的氛圍之後，男性再挾帶目的進入交涉。而如果這兩種能力都十分擅長的話，因為可以一人做兩件事，這樣的人即使在工作上也是十分有能力。

雖然哪一方面較擅長無法用男女來做劃分，但一般來說，**男性會有意識的將個人情緒與工作情緒分開**，**在工作時將個人情緒擱置一旁**。

女性即使在工作場合，也有重視個人情緒的傾向，這可說是有益於工作上能力的發揮。

為什麼女性擅於理解人的情緒及表達自己的心情呢？現在還沒有確切的答案。美國的心理學者是這樣解釋：在長時間以男性為中心的社會裡，女性為了改善、維護自己的立場，因此盡可能地及早理解對方的心情，並儘量學習如何表達自己吧？

而從經驗來說，女性從小時候開始表現力就十分豐富。有人說：「男人要有膽量，女人要惹人憐愛」，女性被要求要笑容可掬且讓人疼愛，而表達勇氣這件事就沒有被加以苛求。

而男性則不管怎麼說，總要給人「是男人就閉嘴，去〇〇」像這樣不能被看到自己的情緒，直接去做的印象。

在這個社會中，我們講求要有「該有的樣子」，先不論是非，大部份的女性被要求表現「女人該有的樣子」，男性則要有「男人該有的樣子」。

而如果可以從這樣的束縛中解脫的話，我們就能從人生後半場得到樂趣吧。

男性也追求「女力」的時代來臨了

男性們工作上長時間生活在以「和男性關係相處為中心」的世界裡（formal network），在人生的後半場參與以「遠離工作的女性為中心」的世界（informal network）時就需要女性的引領與示範。

然而最近的社會起了很大的變化。近年來為了開發暢銷商品，掌握女性的喜好被視為重要之事，而在職場上，若不從「女性視角」關注，也無法取得好的成效。

現在似乎已經不見得是以男性為中心的社會了，以後無法理解女性心情的男性將會慢慢減少吧。

與現在這樣的社會對應，雖然年輕一代的男性從老一輩的角度看來較為軟弱，但理解「女人味」和「女性的感性」的男性變多了。而相對的中高年男性對「女子力」的感受遲鈍，這是因為從以前到現在都沒理解學習過女性心理的緣故吧。

最近常會看到被電視稱作「大姐系（註1）」的人，因為這些人多半認為自己的性向是「女性」，反而更積極的增強自己的女人味。也就是說他們在「男人該有的樣子」及「女人該有的樣子」上或許比誰都講究。

而再看看這些大姐系們，比起以往注重「男人該有的樣子」、「女人該有的樣子」這樣的高牆似乎也在漸漸瓦解，這不就代表我們也慢慢從「該有的樣子」中解放了呢？

無論在那裏，「女子力」的影響層面漸漸擴大，**如果歐吉桑總是用男性為中心的視野思考，總有一天將沒有立身之處**。想要理解「女子力」，首先就從「閱讀女性心情」這件事開始吧。

「今天太太為什麼心情不好呢？」這齣懸疑劇是會在兩小時解決？或是成為連續劇？這時如果問法不恰當，不僅會讓太座心情更差，謎團還是謎團，更有進入踏入迷宮的可能。

註1：做女性裝扮的生理男性，心理認同自己為女性。

善用前半生累積的「壓力」，讓後半生飛躍起來

人生前半場忙碌於工作的人們，其實難以培養對後半生十分有用的「閒聊力」。

為什麼呢？這是因為隨著在公司的地位提升，晚輩開始配合自己，也就沒有磨練「閒聊力」的必要，而且大部分的時間以忙碌居多，也沒有空閒培養興趣，即使聽到別人說「退休前十年左右開始老後的準備比較好唷」，但還是不知道要該準備什麼才好。

覺得現在生活充實的人，其實不太會對未來感到擔憂，而過得不是很好的人才會思考「十年後會是怎樣呢？」因為壓力與自卑感是強勁的動力，即使是和妻子處得不好的壓力也是絕佳的機會，在解除這個壓力的過程中，夫妻關係也可能往好的方向邁進。

所謂壓力，簡單來說就是「扭曲」這件事。舉例來說橡皮球被擠壓而扭曲，當手離開後就又回到原本的模樣、或是對靜靜放置在一旁的球施加壓力，就會產生變化。

人們也是相同的，但即使因為壓力而扭曲，也有復原的能力。「復原力」正是所謂的「衝勁」。極端的來說，沒有壓力的人，不會產生想要改變的心情，就一直這樣下去。**而有著許多壓力的人，則可以說因為對於這樣扭曲的狀態想要做什麼改變而開始磨練自己**。

也就是說「有壓力」是十分重要的，如果沒有壓力一切將無法動彈。最單純的壓力是「寒冷」、「炎熱」、「饑餓」這樣生理上的壓力，而解除這樣的壓力也代表解決人類穿著、住居、食物的問題。

當有收入低這樣經濟上的壓力，就會運用頭腦與身體設法增加收入，而若有人際關係不和諧這樣心理上的壓力，就會設法去學習人際關係的技巧。

總而言之「壓力」是培養自己的源頭，而人生前半場的壓力就是為了讓後半生飛躍的巨大彈簧。

挫折耐受力高的人，較能享受老後愉快的生活

當壓力累積、欲求不滿的時候，能夠忍耐並能解決它的能力，被稱作「**挫折耐受力**」。

爸爸和兒子玩投接球時，爸爸如果瞄準手套投球，小孩因為容易接住球而感到開心，但是如果這樣下去，就算投接球100次，小孩的接球技術並不會因此而進步。

因此有時候朝奇怪的地方投球，讓孩子想要接住卻接不到——這就是壓力。一開始小孩會因為接不到球一邊生氣、一邊沮喪，接著就會產生「我一定要接到球！」的動力。而這樣反覆幾次後，即使球從意想不到的地方飛來也能接住球。

爸爸，有時候就是必須特意投個變化球啊！

在現在的社會，只想著讓孩子開心的父母親越來越多。在職場上也是，上司對下屬太過仁慈。當斥責下屬時，如果對方表現不悅，就會想說還是不要責罵，保持關係會比較好。但是這樣創造出來的「關係」並不真實，最後反而無法培養維護人際關係的技術。

正因為努力想去接到變化球，投接球才能玩得厲害。這樣能解決壓力的人也被稱作挫折耐受力高的人。

「我不玩了！為什麼你要投我接不到的球！」像這樣邊生氣邊哭、決定不玩投接球的人，就是挫折耐受力低的人。

現代因為各式各樣的事物變得便利，並盡可能的不造成彼此壓力，成為無微不至的社會。這就像是一直投好接的球一般，自然的易怒的人增加也是理所當然，可說整個社會全體都變得挫折耐受力低。

上了年紀這件事本身就是個壓力，身體每個部位都在衰退，失去的事物也越來越多。如果一直發怒身體也是承受不了。還是當個挫折耐受力高的人較能享受老後愉快的生活。

有「自知之明」的人才能學得更多

會吵架的夫妻，因為也具有復合的本事，可說是挫折耐受力高。而無法吵架的夫婦則很危險，因為有可能吵一次架就結束彼此的關係。

對彼此不滿卻保持沈默，也就是對彼此「互不關心」，即使持續維持形式上的交往，但無論過多少年，彼此的情感也不會加深。

如果想要對加深對彼此的認識，有時也要投點難以接住的球，彼此為了接住而努力是很重要的。正因為以前從沒有做過這樣的努力，突然投出觸身球的話，反而會破壞彼此的關係，拿捏尺度可是很重要的。

「這次似乎有點過強呢」

「方向有點偏了呢」

一邊觀察對方的狀況邊思考如何回應，這就是打造關係的技巧。

這樣思考的話，人類在死之前要學的事還有很多，錯過的學習、匆匆一瞥沒認真做的事也還有很多少。不能說只因為上了年紀，自身就擁有許多人生經驗技巧，而對年輕人說：

「這對你們說你們可能也不懂啊～」

「啊～這種情況我可清楚的很！」

對於像這樣馬上就表現出一副很厲害、有如前輩般炫耀自己人生經驗的人還是小心一點吧！當然自己或許有著這些人生經驗的鍛鍊與結晶，但謙虛還是十分必要的。

所謂的技巧關係到對象與環境，這個社會一直在改變，有可能年輕時所培養的技巧現在已經不適用了；也有在日本十分受用的技巧在國外卻行不通的狀況。

寧可說**「自己的人生經驗還是不夠。」「我還有許多不知道的事，人際關係的技巧尚未成熟。」像這種謙虛的話才是歷經歲月得到的智慧呢**。

培養「興趣力」是絕對正確的

想要充實度過人生的後半場，有一種「能力」是絕對必要的，那就是「興趣」。擁有熱衷興趣的人，大部份都擁有許多朋友，正在過愉快的老後生活。**興趣如果沒有持續超過十年，不能稱得上是真的興趣**。比起退休之後才開始臨陣磨槍培養興趣，如果擁有興趣的話總之先就定位試試看吧，而到現在為止都讓工作充斥生活，沒有興趣的人請務必從現在開始尋找興趣！

說到需要體力的運動，雖然對於職業選手來說身體會衰退，但如果是當成愉快的興趣卻沒有壞處，對於維持體力十分不錯，說不定最後連頭腦也會使用到。

例如去健行就是。首先會先買「去哪裡？」的書、上網查詢，接著「這條路線可賞花，大約五月去最好吧？」等等，想像也隨之膨脹。路程大概要走多久？途中要休息多久？幾點出發比較好？訂定計劃就需要動腦。

但也請注意不要錯估自己的能力，如果沒有自覺身體能力逐漸下滑的話，即使是老手也有可能遇險遭受困境。

而談到可以使用頭腦的興趣，在日本有「俳句」這樣厲害的傳統。隨著年紀的增長，知識和經驗也跟著增加，句子更能呈現深度與味道。發揮創造力，提煉出文字結晶的句子，可說是真正滿足「智慧結晶」的興趣。

在俳句的世界裡有著「吟行（註1）」這樣的樂趣。玩味春夏秋冬、季節的情趣，邊走訪美麗名勝與歷史古蹟，一邊吟做詩句。

當有老花眼時，對於閱讀細小的文字感到麻煩，這個時候「五七五（註2）」，無論是閱讀或書寫都十分恰當，可說沒有比這個更適合中老年人的興趣了。

也因為日本人對「五七五」十分熟悉，初學者也能迅速上手，接下來只要注意不要在無意中成為「上班族川柳（註3）」就好了。

註1：為做詩歌而走訪名勝古蹟。

註2：俳句由五、七、五，三行十七個日文字母所組成。

註3：川柳是日本傳統的詼諧諷刺短詩，按照五七五的順序排列，但它不像俳句要求地那麼嚴格，只是將日常生活中的所思所想自由表達出來即可，內容多是調侃社會現象或者表達心情，隨手寫來，輕鬆詼諧。而其中日本出名的川柳活動——「上班族川柳大賽」，是由日本第一生命保險公司舉辦，每年都會從全國徵集幽默詼諧的川柳作品。誰都可以參加，內容也不受任何限制。

夫妻間擁有共同興趣一舉數得

我和妻子有幾個相同的興趣，其中一個是登山。這是我從學生時代起的興趣，結婚之後，妻子也一起跟我登山。

另一個則是網球，大概一週一天左右，同伴多是比我們年長，但都是從年輕時就開始打網球，厲害的人很多。原本是我妻子邀請我參加，我從四～五年前（60歲左右才開始接觸。

雖然一開始時腳總是因為纏在一起而跌倒，最近則漸漸能跑得起來了。靠著自己的努力學習獲得技術而感到滿足，而在開心的同時，體力也變好了。

如果是想要「變得厲害」、「為了保持體力」而開始培養興趣的話無法長久維持。為了網球而每天進行辛苦的肌肉訓練，對自己造成負擔最後感到厭倦，而如果沒有辦法變得厲害的話也會覺得漸漸無趣。**能讓心情愉悅的興趣是最重要的**。

目的不是「為了健康」而是「最後變得健康」才是最好的。

再來，因為一週一次的關係，如果誰沒有來的話，大家都會擔心：「是不是生病了？」如果缺席，也會打電話來問：「今天是怎麼了呢？」感受到被大家所關心。而因為擁有這樣的羈絆，陷入孤獨的情緒也會變少。

就算有點小病痛，還是想著「去見夥伴一下吧！」盡可能的出席，即使只是去網球場露個臉，說著「手腕疼啊」、「膝蓋痛呢」也覺得開心。聽到大家也是這裡疼那裡痛的，更是頓時感到安心。

當身體漸漸不動，活動量減少的話，就會引起各式各樣不好的病因。網球對於不減少活動量又能維持交友關係是件好事。為了和人見面而不得不走動，而進行對話也能得到刺激。**能活動身體並擁有一個運動就不會變老**。

此外我也常和妻子一同看電視，也會看錄製的連續劇或是電影DVD。雖說長期宅在家中看電視容易促使老化，但如果配著餅乾和茶，作為夫妻間聊天的話題的話也是件好事。夫婦擁有共同的興趣，不僅朋友變多、夫妻關係變融洽，對健康也有益處。

第5章 重點整理

- 邁向更加圓熟地人際關係，好好來磨練「閒聊力」吧
- 擁有「提問力」讓對話嗨起來
- 男性也開始追求「女子力」
- 「壓力」是讓後半生跳躍的彈簧
- 「興趣力」是人生後半場的超強夥伴

第6章 年老時不會後悔的生活方法

所謂「幸福」是語意曖昧但很好用的一句話

「只要結局圓滿，就是幸福的人生。」有這樣一句諺語。在漫長的人生中會發生很多事，**在死亡的時候能想著「真是過了美好的一生，很幸福呢」而死，是每個人的心願吧。**

但是說起來所謂「幸福」又是什麼呢？這個因人而定，無法一概而論。幸福是沒有所謂的標準。「目的」、「目標」這些我們很容易了解，但是「幸福」、「夢想」又是什麼呢？因為曖昧而無法準確掌握。「夢想」這個字說來華麗，但卻讓人實際上什麼都沒有的感覺，因此也有「隨夢而逝」這樣的說法。

有名的梅特林克（註1）所創作的童話「青鳥」中的奇爾奇爾和米琪兒到處去尋找青鳥，但不管到哪裡都找不到，回到家才發現，原來青鳥就在鳥籠裡。

像奇爾奇爾和米琪兒這樣，一直找尋幸福到底在哪？像這樣不面對現實的人被稱為「青鳥症候群」。總是想依靠像「幸福」這樣只是感覺良好、曖昧的言語，猶豫著「一定還有更好的吧」，反而也許會因此錯失真正的幸福。

如果問你「你幸福嗎？」你會回答什麼？大概大家會依照各式各樣的標準回答「我想我很幸福」或是「我不幸福」吧。

那什麼是幸福呢？當我們試著這樣想時卻總是無法明白。

擁有什麼才叫幸福呢？但其實也有什麼都沒有卻感到幸福的人吧。「今天的白飯好好吃！」有只因此就感到幸福的人；也有始終嫉妒他人，覺得「我就是不幸啊！」的人。知足常樂，或許不多求的人就是幸福吧。

我們無法決定幸福的標準。但如果說「對人生的滿意度」或許更容易理解。我是用這樣來領會幸福的。

因此要擁有什麼樣的目標，要實現什麼才會滿足？為了讓老後不感到後悔，該選擇怎樣的生活方式？希望各位能利用此章節來想想。

註1：莫里斯・波利多爾・馬里・貝爾納・梅特林克（法文：Maurice Polydore Marie Bernard Maeterlinck，1862年8月29日－1949年5月6日），比利時詩人、劇作家、散文家，1911年諾貝爾文學獎獲得者，其作品主題主要關於死亡及生命的意義。

退休後的男性懷抱著怎樣的夢想呢？

或許是我的偏見也說不定，「夢想」這樣的字眼雖然適合年輕人，但總覺得和老年人一點也不搭軋。雖然有「懷抱夢想的少女」這樣的話，但「懷抱夢想的老人」？怎麼說呢，做夢不是年輕人才有的特權嗎？

但是，有個人力派遣公司所做，關於「我的夢想」的問卷調查，六十歲以上的人也擁有夢想。夢想的內容是「旅行（23％）」「學習（16％）」「好好過生活（14％）」等等，因為都不是遙不可及的夢想，我像只要立定計劃就能實現吧。

但在其中有個令人驚訝的結果：想要「和妻子一同實現夢想」的男性有31％，是全體問卷的最高；而另一方面「想要和先生一起完成夢想」的女性為7％，似乎隨著年紀增長，男性有被女生拋棄的傾向。

但這是經年累月而成，先生會有這樣的狀況其實也有跡可循。

舉例來說，妻子在結婚之初，對婚姻生活懷抱著各式各樣的夢想：「星期天全家人一起在庭園烤肉」或是「我拉小提琴、小孩學中提琴、先生則是大提琴，一家人愉快的四重奏」等等，但是事實是老公星期日是高爾夫，偶爾邀他去聽演奏會竟然中途還睡著了。

「和丈夫一起實現我的夢想是不可能的……」或許妻子早就放棄也說不定。另一方面，因為先生十分忙碌，也只好將兩人的夢想延到退休之後了。

等到先生終於退休，想著是時候完成夫妻之間的夢想時，太太卻已從「夢想中退休」，唉呀！晚了三十年啊。

而且這也是因為男性無論何時都在做夢，有愛做夢的傾向；而女性則較快從夢裡清醒的緣故吧。

但兩人一起從夢裡清醒面對現實也是很重要，也許能再一次找到搭配的可能性也說不定。

改變未來的「正面思考」

這幾年心理學中「正向心理學（Postive psychology）」蔚為話題。簡單來說就是將所有事物正向解釋，往好的方向想的話，事情也能順利的思考方式。

說到「正面思考」，即使是想像也是好的，想著「會有好事發生，會發生吧！」這樣做之後行動的方針和思考方式也會跟著改變。如果想著「『或許』會順利、『或許』會成功」的話，最後行動也會跟上。

相反的有研究結果指出，想著「反正一定會變糟」、「不管做什麼絕對不會順利的」像這樣負面思考的人結果真的不會順利。

我想這和主觀意識中的幸福感有很大的關係。

無論什麼事都正向思考的人，想著「這樣做的話一定會成功」而能開心的進行。即使無法得到想像中的結果，也會說「這也算順利了呢」像這樣正向的解釋，最後也會覺得事情順利完成了。怎麼說呢？這個順利有點像是被騙，也有點

「幻想」的感覺呢……

而這和棒球選手在打出全壘打時所做的意象訓練（註1）相同，無論什麼事進行意象訓練都是重要的。

銷售員也是，「反正都是賣不出去啊……」如果這樣想就沒有賣的動力，對方的購買欲望也會消失。成功的意象導致好的結果，絕對不只是幻想而已。

相反的也就是說，相信「反正不會順利」而失敗的人，是因為得到自己預想的結果，也可說是如其所願，並沒有悖離原先的期待。**這代表人或許會通往自己所描繪的「想像」之路也說不定**。

不過每天都在抱怨的人，其實是喜歡「抱怨」這件事的人吧。想想到老還能一直抱怨，其實也算是一種幸福啊。

而，你打算「幻想」描繪怎麼樣的未來呢？

註1：不實際動身體，而是在頭腦中想像運動動作，學習正確動作的有效訓練方法。

幸福感來自可以擁有一起生活的伴侶

人們對於幸福有各式各樣的定義，而我覺得「老後的幸福」其中之一就是「**擁有一起生活的人**」。

男人被妻子照顧，或是照顧妻子，到人生的盡頭還能和家人與朋友有所接觸，看起來簡單，但我卻覺得是最難的事。有能夠一起生活的人是十分幸福的。

當然，即使一個人也能感到幸福，但一直都是一個人還是有點寂寞吧。有人在身旁，能夠談天並互相關心，不覺得被幸福感包圍嗎？

而我如果可以的話，希望比妻子早往生，因為太太比我小七歲，從男性與女性的平均年齡思考的話，也不是難以達成的目標吧。但是這也很難說，妻子說：「說不定我比較早走呢」

但我還是以我先走為前提，在很早之前就寫好遺書，也複印了一份給妻子。順道一提，太太並沒有寫遺書，大概是真的認為自己會比較長壽吧。

聽說有這樣一對夫婦，兩人做了「如果哪一方過世的話，先走的那方一年內一定要來迎接另一方」的約定。

無論這能不能實踐，我覺得夫婦進行這樣的對話是十分重要的。

在死亡迫於眼前之前，兩人先試著想像看看是什麼情景。這樣就能知道互相為對方考慮的事、另一半想像的幸福是什麼？老後的狀況又是如何？這麼做不是能讓彼此的理解更為深刻嗎？

但相反的，也有可能會有「現在是打算只留我一人？」「不是吧，是不是有其他我非知道不可的秘密家人……」等衝擊的真相而導致老年離婚的危機。夫妻之間有各式各樣的情況，這些也請好好的思考。

即使被孤立也不會感到絕望

古布里俄姆（註1）在關於「配偶死亡所帶來的影響」的研究中，將「寂寞」與「孤立」做出不同的解釋。

比起分居中、離婚和配偶過世的高齡者、未婚的高齡者比較不覺得孤獨。也就是說，因為本來就沒有一起生活的伴侶，即使一個人也不會感到寂寞。然而離婚及配偶過世的高齡者比起未婚、沒有配偶的高齡者覺得「現在比起四五年前的狀態更不好」。

曾有和伴侶一起生活過的人，當伴侶不在後會認為「有伴侶的時候比較好」。

這樣看來，**高齡者所感到的孤獨感，是因為覺得現在比起以前較少參與社會活動，而覺得被孤立而生**。因為以往四周都是人，現在一個人而感到「寂寞」。所謂的孤獨感可說是從社會關係、人際關係的變化比較中而出現的感受。

最近高齡者「孤獨死」常上新聞，成為社會注目的焦點。比起女性，男性較有「孤獨死」的傾向，特別是沒有結過婚，和地方連結性較低的男性。而事實上單身的人，和地方事務連結是真的比較困難。

但從前面的研究得知，未婚者即使一個人也不太會覺得寂寞。不是吧！說不定其實本來就是不太會感到寂寞的類型，因為喜歡一個人生活所以才不結婚的吧。

「為了預防孤獨死要保持與地方的聯繫」即使這樣的呼籲，如果本人沒有想要和人有所接觸，也只是多管閒事而已。

因為從一開始就一個人，年紀大了也不會覺得孤獨、寂寞的人；另一方面正因為擁有過人際關係，所以一個人時才感覺寂寞的人，到底誰才是真正的幸福？就算怎麼想也得不出結論。將自以為的幸福強加在別人身上也沒有什麼意義吧？

註1：賈伯・古布里俄姆（Jaber F. Gubrium），加拿大社會學者。

有親朋好友在，人生才幸福

還有一個，關於孤獨感的研究也饒有趣味。比起家人，和朋友的交際更讓高齡者感到幸福。而失去配偶卻有朋友的高齡者，比起伴侶還在卻沒有朋友的人來說更能感受生命的價值。

從這個研究結果顯示，和親友的相處對人生來說是相當重要的。

如果只聽到「失去配偶卻有朋友的高齡者比較幸福」，可能會覺得朋友比伴侶還要重要。但有朋友的人大概很多和配偶關係良好吧，而沒有朋友的人，也可能和伴侶或親友都無法好好相處。

那麼無法有朋友的人是怎麼樣的人呢？會感到有孤獨感的人是有特徵可循的。

首先，孤獨的人覺得自己無法被人所喜愛，帶有悲觀的想法。還有就是覺得自己被不帶好意的人們所包圍。也就是說自己會孤單是因為周圍都充斥著不想要往來的人的緣故。

第二，孤獨的人只一味說自己感興趣的話，很少向對方提問，正是欠缺「提問力」。而且常擅自轉換話題，回答對方問題的時間很短，是只喜歡、在乎自己的人。但是，只依照自己心情喜好進行的對話，並不是真的對話。即使和人們一起也只是孤單的一言堂而已。

接著，孤獨的人和家人與朋友說話的時候，內容也是只有表面，大多欠缺親密感。而且比起和家人與親友，和陌生人或點頭之交在一起的時間較長，也就是有喜好表面的人際關係傾向。

淺薄而表面的交往，雖然不會有傷心事發生，但卻藏不住孤獨，而如果深刻的來往，雖然有許多麻煩事，卻能感覺自己不孤獨。

這麼說起來，你想要選擇哪種生活方式呢？

平常也可以談一談深入對方心裡的話

雖說夫妻生活在一起，但卻不太說心裡話，我想這是大家也都這麼覺得的事。「今天發生了這樣的事」、「這件事就這樣結束了」大部分是像這樣稍微交換日常的情報、簡單的報告。

正因為是共享生涯的伴侶，我認為本來就應該進行比誰都還要深入內心的對話才對。「往後想要怎樣的生活？先生退休後要怎麼辦？想要怎麼迎接死亡？」雖然是應該討論這些話題的對象，但如果沒有契機的話，大部份的夫妻是不討論這樣的話題吧。

這也沒錯，想要深入談論對一個人來說最重要的部分，及關於人生觀的問題是困難的，也正因為是最親近的人更有難處。因此或許進行表面歡樂的對話，比談論這樣複雜的問題更不易掀起波瀾吧。

但是，因為夫妻是一起度過人生的人，這些問題在不久的將來即會迎來。這樣想來，在平時還是製造好聊的氛圍開始討論比較好吧。不然如果是哪位被告知得了癌症，再來討論「葬禮要聯絡誰比較好，來做一下表單」反而更難開口吧。

即使是夫婦，到頭來最後也只剩下一人，留下的那位要怎麼生活呢？如果有著一個人也沒問題的活力倒還好，但如果身體不方便的時候要去養老機構嗎？怎樣的機構比較好呢？或是墓地要怎麼辦呢？墓地除了有宗教的問題外，子孫們要如何管理也是問題。

因此當看到墓園的報章廣告時，「那裡蓋好了像這樣的墓園呢」以此為契機作為話題也不錯吧。

現在老人機構、葬禮儀式、埋葬方式、大體捐贈等等的方法和幾十年前相比有著極大的變化。除了自己的想法外，還有各種的選擇可參考。要選擇什麼？能討論的重要對象，果然還是妻子與先生。為了能讓理想的送終方式更進一步深入會話，夫妻之間的交流是十分重要的。

試著寫看看Ending Note吧！

關於死亡的準備，最近仍然有許多重大的思考方式一直在轉變。例如要續命治療嗎？要大體捐贈嗎？

大體捐贈的部分，現在除了在捐贈卡上表達意願外，在駕照的背面也能設置意願欄位。另外，現在法律也改變了：當陷入腦死狀態時，只要有家人的同意就能提供器官捐贈（台灣部分除了器官捐贈卡外也可加註於健保卡上，或於腦死狀態時由家屬簽署同意書）。當發生什麼事時，你想怎麼做呢？這也是夫妻事先討論比較好。

因病被宣告只剩幾個月壽命的人，留了信件給戀人和小孩；從過世的戀人那兒收到信；每一年收到過世的親人留下的信……我們偶爾會看到以這樣為題的電影和小說。

平常雖然不太考慮到這樣的問題，但到了關鍵時刻，還是有想要傳達的事與還沒說完的話吧。因為有可能突然就迎接死亡，**想想被宣告剩餘壽命之時，想向配偶、子孫們、朋友傳達什麼話吧**。

最近聽到了「終活筆記（Ending Note）」這樣的詞，因為要寫遺書還言之過早，又還沒生重病，還不到特地寫遺書說明財產的狀況。用到遺書有點太小題大做了。這個時候如果叫「終活筆記」的話，可能就不會這麼抗拒吧。

如果給家人看終活筆記會覺得害羞，在往生之前不想給任何人看的話，反而更能率直地寫下心裡話吧。而且在生前不管修改幾次也沒有關係。

你家有所謂的「家訓」嗎？如果沒有從父母那留下「家訓」，試著想想你想留下的「家訓」是什麼吧。

「只有這個想被深刻烙印在心裡」如果有這樣想留下來的話，就可以說是您一生的「終活筆記」。嗯～如果要製作終活筆記的話，怎樣的話會浮現呢？

為了讓人生的盡頭不要後悔、為了讓每天都過得充實，有時候想想自己的死亡也不是壞事吧。

把責任與生命的價值來做個有趣連結

蘭格爾（註1）曾將養老機構內65-90歲的高齡者隨機分為兩組，做了以下的研究。

第一組是「如果有什麼不滿意的事情發生，改變它是你自身的責任」賦予其責任感，教導保持著「自身所處環境是自己可以操控」的信念。

比方說關於日常生活中照顧植物、房間清潔等等可以自由選幾個來做，並負起所選項目的責任。

第二組則是「如果有什麼不滿的話，請告知看護人員」將生活責任交付給人，也就是教導其無法掌控自身的環境。

這樣的生活持續三星期後，第一組的人覺得自己擁有幸福的生活並積極的活動。一年半後的調查也是同樣的結果，衰老狀態緩慢，死亡率也只有第二組的一半。另一方面，第二組因為壓抑的氣氛，大家也變得有氣無力。

其實這個研究結果，不僅限於高齡者，任何世代也是如此吧。工作也是，自主想出提案交出並改善，因為必須負責任所以得判斷該如何施作，當擁有掌控能力時，幹勁亦會湧現。

但如果全部都是上司交代的任務，要做什麼都由長官指揮，都照上面的指示做的話，一點工作的幹勁都沒有，員工也容易陷入有氣無力、抑鬱的狀況。

而另一方面，處處都要干涉令員工陷於有氣無力的獨裁者上司，卻是活力滿滿個性積極。你的身邊是不是也有這樣的事呢？

「拜託別人」這件事乍看是令人輕鬆愉悅的，但對大部份的人而言卻不能說是好的、幸福的。

靠著自身力量改善。自己是有用的。即使小事也能保有這樣的心情，無論到了幾歲都會覺得生命有價值、做的事有意義。

註1：埃倫·蘭格爾（Ellen J Langer），美國著名心理學者。

不管到了幾歲都要維持自信

「這我做得來」、「我是有用的」……懷有這樣的心情，被稱為「自信心」。這樣的「自信心」並沒有客觀的標準，可說是非常主觀。

擁有能力卻覺得「自己不行」，有像這樣自信心低落的人，也有即使犯了點小錯卻覺得「這一點錯誤沒關係」，擁有高度自信心願意繼續挑戰的人。

所謂「自信心」本來就是在教育時會使用的語言，能高度自我肯定的孩子，成績成長幅度也較高，可以說是具有「積極思考」。而且擁有「只要做就能成功」這樣的積極心情，實際上也能導向成功。

但是隨著年紀增長，這樣的自我肯定能力漸漸被剝奪：以往能輕易做到的事，現在卻做不了；想要去做身體卻動不了；或是一下就忘記了，而且周遭的人也會覺得「你是年紀到了啊」，而被當作老人看待。

而且在電車上被讓座、因為是高齡者而得到支援就像是被同情一般。我們從這樣的態度感受到「你做不到的啦」、「你不行的啦」這樣的訊息，而開始覺得「我已經不行了」、「我在這個社會已經沒有用了」變得自信心低落，也因此漸漸顯老態，成為孤僻老人。

為了讓上了年紀仍能保有高度的自信心，首先自己要先保有「自我肯定」的心態是很重要的，**所謂「自我肯定」就是自己的價值由自己判斷**，自己對自己有沒有抱持著敬意和他人的評價沒有關係。

「因為年紀大，所以擁有價值」

對自己這麼說，保持自信吧！

當在電車上被讓位時，不要覺得「我看起來有這麼老嗎？」而感到失望，當作是「年輕人在表達敬意」，微笑說聲「謝謝」就可以了。擁有高度「自信心」的老人，將更能得到他人的尊敬。

自以為是的人自我價值比較低落

擁有高度「自信心」，並不代表就是自大的人。「我很厲害」、「我是男子漢」像這樣自以為是的人，說不定才是真正沒有自信心呢。**因為自己無法認同自己，實際上對自己並沒有自信，所以想要被別人尊敬，呼籲大家「重視我」**。

自信心強的人認為「別人應該對自己擁有好的評價」，因此並不需要特別強調「我很厲害」，而令人覺得遊刃有餘。

高度肯定自我的人，對別人也給予好評，因此人際關係也十分良好。正因為人際關係好，又常懷善意，自信也越來越多。

另一方面，自以為是的人，因為自信心低落，對他人常給予不好的評價，也有覺得別人會讓自己損失的傾向。因為如果認同別人的優點，就顯得自己比較不行，會讓自己的評價變低，所以不想承認。常藉由拚命貶低別人來提高自己的價值。

但是不管怎麼想，這樣的人很難相處吧。因為人只要被攻擊而自尊心受創，就會產生討厭的心情，也不想再和這個人親近了。

因為現在還在上班，別人即使鬱悶也不得不與你維持人際關係，但當你一退休後可能馬上就會迎來孤獨。

如果你覺得我說的有道理的話，就算覺得虛偽，**首先也請先試著誇獎別人**，而別人也會開始認同你的優點，這就是「互相」。

而這樣持續下去，都能讓彼此的自信心提升，打造良好的人際關係。

這件事越早開始越好，因為老實說人際關係並不會一下就改變。退休前總是自以為是、令人討厭的人，突然好感度快速提升這樣的事我還真沒見過。但也不需要感到絕望，只要有心人是可以改變的，只是心情沒有這麼容易調整而已。

成為「吉祥物」，提升自信心吧！

自信心低落的人，也容易有期待過高的傾向。

比方說像是被父母賦予高度期待教育長大的人。即使考了80分，媽媽並沒有稱讚反而說：「什麼～才80分啊」，還被爸爸否定：「我以前都是考滿分喔」。這樣的人，如果沒有拿到滿分，就無法產生「我是可以的」的自信心，也會視考70分的人為笨蛋。

另一方面，對成績並沒有抱持期待的人，如果考70分就被稱讚道：「好厲害、好棒」，就會擁有「我也是做得到」的自信。對於其他考70分的人也會率直的認同稱讚，見到考60分的人也會想：「我之前也是考60分，只要努力還是做得到的！」

我建議自信心低落的人可以稍微「放鬆」一點，變成像吉祥物一般緩慢無為的樣子吧。雖說人有各式各樣的個性，突然要變得與世無爭可能有點難，但可以試著將心裡的標準降低。

其次，和認同自己的人交往是很重要的。和會誇讚自己「你好厲害」的人相處，慢慢的自信心也會增加。只是這個時候難處在於：自信心低落的人對別人的評價也很低，被自己不認同的人讚美，也不會開心起來。

為了斬斷這樣的惡循環，試著朝向好的方向前進；並將標準放低認同他人，儘量去發現別人的優點吧。

此外，嘗試創造一個自己的強項。擁有一個「這樣一來絕對不會輸給別人」的特長，這也能大幅增加自信心。

接著，再找一個正因為不擅長所以成功會被稱讚的興趣。一開始因為不受期待，所以只要有所進展就會被稱讚「好厲害、好棒」。找一個像這樣「放～鬆」的興趣如何呢？

而從事「有形的」事物也不錯。取得資格、出版作品、舉辦發表會等等。即使年紀增長也要儘量爭取被稱讚的機會，**更不要忘了自己也要誇獎自己喲**。

迎接第二人生，接下來你要收割的是什麼？

心理學家馬斯洛所提倡的「需求層次理論」中提到人類最高的需求就是「自我實現」。

第一階段是「**生理需求**」。肚子餓、想睡覺等，這是生物為了生存的必要需求。

滿足了最低的需求後，接著其他的欲望就逐漸萌芽。第二階段是「**安全的需求**」，也就是滿足生理上的需求後，人們就會開始保障自身的安全。因為不得不取得食物，即使身歷險境還是會冒險取食，但如果生理需求獲得滿足後就會開始確保自身安全。

第三階段是「**歸屬感與愛的需求**」、第四階段則是「**認同的需求**」，無論哪個都是有關心理的問題，這時會開始追求被人接受、被愛以及被認同。然而就算滿足第三、第四階段的需求，但還是有不滿足，這就是第五階段的「**自我實現需**

求」。

這件事簡單來說就是：「做自己喜歡的事，可以實際感受自己的存在與成就感」，但卻不是輕易就能做到，是非常有難度的需求。

而現在日本對於高度需求覺醒的人很多，和以往相比，現在的社會可以說變得安全，戰爭時大家都很饑餓，連第一階段的需求都無法滿足，當然關於第二階段安全的需求，人們也是暴露於危險之中。

但現在卻是大部份的人的第一、第二需求都被滿足，而且一生的時間也比以前的人更長，活著的時間多得不得了，如果在60歲退休活到80歲的話，還有20年呢。這麼長的時間要怎麼度過？可說是人類首次出現的挑戰。

我將此稱為「第二人生」：**退休之後又是嶄新人生**。20年如果是用「餘生」活著就太長了。因此我們能否幸福取決於能不能付出時間埋首於有難度課題之中，可說是幸與不幸操之於己啊。

有挫折感的徵兆出現時要留意

現在的日本大部份的人第一、第二需求都被滿足……雖然是這麼說，但對於退休之後的經濟狀況感到不安的人也很多吧。真的能領到年金嗎？**每次**在報導年金的新聞時總是覺得心情黯淡了起來。

即使能拿到預期中的年金，與現在的生活狀況相比需要減縮的人也應該不少，可以說如果想要渡過充實的老後生活，徹底的訂定經濟計畫是必要的。

再來，到現在為止從公司得到的「歸屬感」、因為工作的成果而得到「成就感」的人也是，在退休之後不確定該歸屬何處？被認同的欲望也可能不再被滿足。

正因為如此，訂定讓退休生活安定的計劃、在工作之外確實創造能滿足「歸屬感」的場所——家庭和愛好的社團等等是很重要的。

退休之後變得突然「沒什麼事能做」狀況的人，因為到目前為止被適度滿足的需求，開始無法得到滿足，將會引起十分深切的挫折感，如果有以下的行為請注意：

首先是**攻擊行為**。當生氣時就對對方施以暴力與咆哮。無法做到時，就轉而攻擊沒關係的弱者：這樣的人周圍可能的對象常是配偶，也就是妻子。

第二是**退化行為**。返回嬰兒、返回幼童的狀態，所以開始不聽話、變得任性起來，吃飯、喝水不管什麼事都要妻子幫忙，而這樣的情況最深受其害的就是太太了。

第三是**固執行為**。變得足不出戶，一整天都待在家裡。一下子嚴密監視道：「廁所髒了！」、一會則是「是誰打來的電話？」干涉妻子的行動，當太太開始反擊時，又更讓他覺得欲求不滿。

因此到目前的生活還算過的不錯的人，也是有「第二人生」準備不足的可能喔。

完整運用人生經驗的時刻來臨了

人們如果需求如願以償就會感到滿足，而當無法填滿時則會感到欲求不滿。肚子餓所以吃東西、因為想睡所以睡覺，第一階段的需求因為很直接所以容易理解，但是隨著階段進階，需求就變得不單純了。

再來，為了滿足第一階段的需求而盡全力之時，並不會有所謂「無法自我實現」的挫折感，但當越來越多需求被滿足而湧現更複雜的需求，不滿也變得多了起來。現在的日本充斥的各式各樣的不滿，可說是追求高度欲望的社會。

需求的階段時進時退。比方說當工作佔據所有時間，雖然賺取金錢但家庭卻被忽略，歸屬感與愛的需求變得不安定；但如果太過不在意工作，這次變成無法付房貸，生理的需求與安全的需求則被威脅。

只以自我中心的欲望而生的人，和其他人建築良好的關係是困難的，也無法被滿足歸屬感與愛及認同的需求；然而只為了他人而生，自己則形如空殼。

滿足第一、第二階段的需求同時，為了滿足更高的需求要以何種生活方式才好？想與他人互相認可、打造好的人際關係，又能實現自我需求該怎麼做呢？

如果想要自己的人生被誇讚，就必須活用經驗解決這個難題。**自己是以什麼為重的人？完成什麼事會讓心裡感到滿足**？這可說是自己一生中所追求的主題吧。

這個答案只有自己才知道，沒有人能說「你實現了自我呢」這樣的話。我們常看到即使被旁人所羨慕，但當事者卻不滿足的人；也有其他人看到都覺得可憐的人生，當事人心中卻覺得豐富滿盈也不一定。

這雖說是「因人而定」，但也不是如此。不要欺騙也不要勉強自己，果然令人滿意的答案不會那麼容易就出現的啊。

以回憶錄的模式，整理一部個人史吧！

上了年紀以後，新的事物記不太住，但是對於過往的事卻記得十分清楚。有種記憶叫做「**閃光燈記憶（Flashbulb memory）**」，說的就是當極為令人感動的事發生時，有如相片般烙印在心中的記憶。閃光燈記憶到了年老時並不會變淡，聽說還是能記起當時人的名字、場所、日期與場景。意外的事物、對自己特別重要的事更是容易留下鮮明的記憶。而且因為反覆的提到回憶裡的人，印象更是根深蒂固吧。

再者，家人、配偶與工作相關的記憶被稱作「自傳式記憶」，這樣的記憶幾乎不會改變，有研究指出30歲時的記憶和70歲時幾乎是一樣的。

人們將自己當作主角一邊寫故事一邊生活，雖然每天發生很多事，但在故事中只會將深切相關的記憶留存，並遺忘和故事不相關的部分。

我想大家都有這樣的經驗吧：同學會時熱烈談論著往事，雖然明明都參與相同的事件，記得的事與不記得的事因人而異，而且就算是同一件事，不同的人也會有少許的編輯落差，因為所謂的記憶就是「自傳」。

因此退休後整理自己的「個人史」，對人生前半段的回顧也十分有幫助。容易感動的人可能擁有插曲豐富的自傳；也或許有那種一直重複同樣的事的人也不一定。而這時想起年輕時不太明白的事，或許在記憶中的印象也可能會因此改變呢。

如果人生一定要灌上什麼意義就顯得無趣了。**正因為編輯了「自我人生」，生命才真的有意義**。

在人生的最後想要能覺得：「真是不錯的一生啊」、「做了想做的事而不後悔」的話，勝負從現在才開始，為了迎向「完美的結局」盡可能做到最好吧。

第6章 重點整理

- 改變未來的「積極想像」
- 如果被告知剩餘壽命時，想向「誰」傳遞「什麼」呢？
- 即使上了年紀，也要尊敬自己，對自己抱持高度自信吧
- 稱讚別人也會得到對方認同的「互相法則」
- 正因為編輯了「自我人生」，生命才真的有意義

後記

名言與格言之中滿載人生、愛、幸福和與人相處的提示。在這裡將介紹幾個前人所留下有關「後半生的生活方式」的名句！說不定其中有些能觸動你的心弦。以下這些是曾令我感動的佳句。

我們都太過忙碌，連與人微笑相處的時間都沒有。忘了微笑、與人接觸就是最大的貧窮。

——德雷莎修女

（加爾各答修女）

只要人們不忘記如何展開新事物，所謂老年就是一個偉大的事跡。

——馬丁・布伯
（以色列哲學家）／《相遇》

有興趣的人請到書店或圖書館找書來看看吧。有時候隨意看的電視、連續劇和電影的台詞也會有金句出現。當看到可以成為自己人生糧食、讓人激發勇氣或是觸動心弦的話語時，為了不忘記，我建議可以將它們記在筆記本裡。累積一些後做成獨創的「名言集」或「座右銘」也很不錯。你所選擇的這些名言們，絕對能成為人生後半場與你同步、強化心靈的夥伴。

將喜悅與人分享將得到兩倍的快樂，將痛苦與人分攤則減少一半苦痛。

——克里斯多夫・奧古斯特・蒂德格
（德國詩人）／《Urania》

人啊，在生涯的前四十年撰寫本文，接下來的三十年則為其增加註解。

——阿圖爾．叔本華

（德國哲學家）／《附錄和補遺》

在這個世界上，有發明的天才，也有發現的天才；有寫作的天才，也有閱讀的天才。

——保羅．瓦勒里

（法國作家、詩人）／《作家論》

好奇是希望的別名。

——查爾斯．海爾

（英國神學者）／《在真實中思量》

我們啊，說起來在這個世上活了兩次。第一次是為了生存，第二次是為了生活。

——尚—雅克・盧梭

（法國思想家）／《愛彌兒：論教育》

經歷過寒冷才知陽光的溫暖；遇過人生煩惱才知生命的可貴。

——華特・惠特曼

（美國詩人）／《草葉集》

婚姻生活是漫長的對話。雖然在婚姻生活中其他的事物全都改變了，但大部分在一起的時間都是在對話中度過。

——佛里德里希・威廉・尼采

（德國哲學家）／《人性的，太人性的》

大部份的時間都在微笑與淚水中度過，沒有比這更幸福的事了。

——司湯達

（法國作家）／《覺書》

隨著皺紋一起具備品味而受人愛戴，在幸福的老年將迎來美好的黎明。

——維克多・雨果

（法國作家、詩人）／《悲慘世界》

若望創造愉悦生活，

過往不追究，

盧莽不生氣，

樂在當下，

最忌憎恨他人，

未來歸於神。

——約翰・沃夫剛・馮・歌德

（德國詩人、劇作家）／《威尼斯警句》

不快樂的人生就如沒有油的煤燈。

——華特・司各特

（英國作家、詩人）／《金銀島》

參考文獻

『老後活蹦亂跳的心理學（ピンピン・コロンの心理学）』渋谷昌三（文學社）
『老的作法（老いの作法）』渋谷昌三（成美堂出版）
『管理職必讀心理學（管理職が読む心理学）』渋谷昌三（日本經濟新聞社）
『心理學雜學事典（心理学雑学事典）』渋谷昌三（日本實業出版社）
『和人際苦手說掰掰（つきあいベタさよなら）』渋谷昌三（日本實業出版社）
『聰明老後的心理學（賢い老いの心理学）』渋谷昌三（第三文明社）
『世界名言大辭典（世界名言大辞典）』梶山健編著（明治書院）
『世界名言集（世界名言集）』岩波文庫編輯部（岩波書店）
『歌德詩集 第一卷 詩集・格言集（ゲーテ詩集第一巻 詩集・格言集）』歌德、高橋建二譯（創元社）
『相遇―自傳的斷片（出会い―自伝の断片）』馬丁・布伯、兒島洋譯（理想社）
『德雷莎修女 愛的語言（マザー.テレサ　愛のことば）』（女子保羅會）

涉谷昌三

1946年，神奈川縣出生。目白大學心理學研究所社會學教授（已退休）。學習院大學畢業。東京都立大學博士，專攻心理學。文學博士。現為山梨大學醫學部教授，專研「空間行為學（指以非語言溝通為基礎的領域）」，並將其研究結果以平易且幽默的文字解說，記述於現代心理學中。是活躍於行為心理學界的學者。著有『心理學雜學事典（心理学雑学事典）』『和人際苦手說掰掰（つきあいベタさよなら）』（日本實業出版社）『有趣又好懂的心理學（面白ほどよくわかる！心理学の本）』（西東社）『1分鐘看穿人心術（1分で人を見抜く心理術）』（大和書房）『只憑外表視人的技術（外見だけで人を判断する技術）』（PHP研究所）等多本著作。

國家圖書館出版品預行編目 (CIP) 資料

50+ 開始過愉快生活的心理學 :78 個老前生活態度，讓身心圓滿的人生智慧
/ 渋谷昌三著 . -- 一版 . -- 臺北市 : 麥浩斯出版 : 家庭傳媒城邦分公司發行 , 2018.02
面 ; 公分 . -- (Solution ; 103)
ISBN 978-986-408-344-2(平裝)

1. 老年心理學 2. 生活指導

173.5 106022812

Solution 103

50+開始過愉快生活的心理學

78 個老前生活態度，讓身心圓滿的人生智慧

作者：渋谷昌三
譯者：張景威、劉德正
責任編輯：施文珍
封面 & 版型設計：白淑貞
美術設計：鄭若誼、白淑貞、王彥蘋
美術插畫：紀妍如
行銷企劃：呂睿穎
版權專員：吳怡萱

發行人：何飛鵬
總經理：李淑霞
社長：林孟葦
總編輯：張麗寶
叢書副總編：楊宜倩
叢書主編：許嘉芬

出版 城邦文化事業股份有限公司 麥浩斯出版
E-mail ：cs@myhomelife.com.tw
地址：104 台北市中山區民生東路二段 141 號 8 樓
電話：02-2500-7578

發行 英屬蓋曼群島商家庭傳媒股份有限公司城邦分公司
地址：104 台北市中山區民生東路二段 141 號 2 樓
訂購專線：0800-020-299
讀者服務傳真：02-2517-0999
Email：service@cite.com.tw
劃撥帳號：1983-3516
劃撥戶名：英屬蓋曼群島商家庭傳媒股份有限公司城邦分公司

總經銷 聯合發行股份有限公司
電話：02-2917-8022
傳真：02-2915-6275

香港發行 城邦（香港）出版集團有限公司
地址：香港灣仔駱克道 193 號東超商業中心 1 樓
電話：852-2508-6231
傳真：852-2578-9337

馬新發行 城邦（馬新）出版集團 Cite(M) Sdn.Bhd.
地址：41, Jalan Radin Anum, Bandar Baru Sri Petaling,57000 Kuala Lumpur, Malaysia
電話：603-9057-8822
傳真：603-9057-6622

製版印刷 凱林彩印股份有限公司
版次：2018 年 2 月 初版一刷

定價：新台幣 360 元
Printed in Taiwan